横田一の現場直撃Ⅳ

自公政権打倒は可能だ

——前・明石市長・泉房穂総理待望論——

緑風出版

目　次

横田一の現場直撃Ⅳ

自公政権打倒は可能だ

前明石市長・泉房穂総理待望論

第1章　総理大臣待望論が高まる泉房穂・前明石市長 ―――― 9

第1章　総理大臣待望論が高まる泉房穂・前明石市長

参院徳島高知補選で広田一候補を支援、岸田首相との応援演説対決を制した泉房穂・前明石市長。

1　泉房穂・前明石市長の岡山講演（「武蔵野政治塾」主催）で総選挙出馬要請

次期総選挙での政権交代（「救民内閣」構想）を公表した泉房穂《ふさほ》・前明石市長が二〇二四年三月二〇日に岡山市内で講演、最後の主催者挨拶で総理大臣待望論が飛び出した。三期十二年間の明石市政を振り返る岡山講演を企画したのは、「静かに、落ち着いて、そして激しく議論する」がモットーの「武蔵野政治塾」（東京都武蔵野市）。そして泉前市長の基調講演と質疑応答を終えた後、同塾の橋民義・事務局長が締めの挨拶で「（過去に開催した）二七回の講演で最も盛況だった」と絶賛、次のようなエールを泉前市長に送ったのだ。

「（泉前市長の）講演は絶対に面白いし、こういう話を日本中に伝えて行っていただきたい。で、泉さんが応援したら結構地方選挙も勝つので、日本中の選挙も応援していただきたい。だけど、泉さんご自身がやっぱり――。今日も『明石市長として出来ることには限界がある』と仰いました。そして、もう一つは『総理になれば、（政治は）やっぱり変わる。政治は総理が変えるのだ』とハッキリと仰った。私は是非、泉さんには総理大臣になっていただきたい。（大きな拍手）私は是非、泉さんには総理大臣になっていただきたい。（再び大きな拍手）おべんちゃらでも何でもない。今日、（岡山での講演を）聞いて『日本の次の総理は泉房穂だ』と確信しました。もう是非なっていただきたい。

そのために、じゃあ、どうするのですか。もちろん衆議院議員にならないと総理大臣になれないですよね。参議院議員でも法律上はなれるでしょうけれども、普通は衆議院議員が総理大臣になります。で、そのためにどうするのですかね。これからは、私が言うべきことではありません。泉さんが何とかしてくださると私は思っています。泉新党でも作ってもらいますかね。ちょっと、それは時間がかかる。立憲民主党の党首になってくれたら、ならないとは思いますが、なってくれたら立憲民主党の人気は二倍になります。こんなことは言っていけないな。（会場から笑）言ってはいけないけれども言いたいよね。

今日は楽しくて楽しくて仕様がない話で、もうこれから泉房穂さんに大きい期待を私もかけていくので、皆さんも一緒に泉房穂さんを応援しようではありませんか。（再び大きな拍手）。本当に皆さん、ありがとうございました。泉さん、ありがとうございました」

こう締めくくって二人がステージ上で握手した後、マイクを譲り受けた泉前市長が「ありがとうございました。共に頑張りましょう。いま仰ったように政治は変えることができます。総理大臣は最低限取らないとダメです。総理は簡単です。四六五人の衆議院のうちの半分、過半数の二三三人をとにかく私たちと一緒にやる方々で占める」と締め括ったが、次期衆院選に出馬するのか否かについて触れることはなかった。

●盛り上がる総理待望論

そこで講演後に泉前市長を地元記者と一緒に直撃、総理待望論の受け止めを聞いてみた。すると、囲み取材でも、講演と同じようなマシンガントークがすぐに始まった。

「誰がどうこうではなくて、今の時代の空気が『やっぱり今の政治ではダメだな』という気運になってくれれば、一気にそこは跳ねるから。跳ねるのはそこだけではなくて、他の地域も同様になるから、一瞬で状況は変わると思う。今の政治はここまでひどいのだから。私のキーワードは『諦めを希望に』。諦めでは何も変わらないから、諦めずに目覚めて、投票行動を起こす。その時に、自分の方に近い側、国民の味方の側に入れる投票行動に雪崩を打てば、状況は変わると思いますけどね」

囲み取材冒頭で、次期総選挙での政権交代は可能と強調する泉前市長の話が一段落したところで、「最後に総理大臣待望論が今日も出ていましたが」と聞いたが、自身の衆院選出馬については以下のような否定的な回答しか返って来なかった。

「私自身はこのキャラクター、（総理大臣に）向いていないし、私は（政権交代に向けたシナリオを作る）映画の総監督や」「国民を救うためには方針転換をして、そのためには総理が変わる必要がある。ただし総理が変わっただけでは（国民）負担増政治は止められるが、国民を救う政治にするには予算案と法律案を通さないといけない。そうすると（衆院選）一回では足りない。いったん（首班指名で新しい）総理大臣を選んだ人も、場合によっては予算案のシフト（方針変更）に反対することも考えられるから、再び解散総選挙を断行して、（方針変更に反する国会議員の）差し替えも含めて、ちゃんと国民負担減の政治に方針転換に賛同できる国会議員に変える。そうすると、予算案は通る。そして（国民負担減のための）法律案を通すには参議院の過半数もいる。参議院の多数を取るには二〇二五年と二〇二八年の参院選で勝たないといけない。それまでに、もう一回衆院選があるから、衆院選（総選挙）の三回と参院選の二回、合計五回くらいは（国政）選挙に勝たないといけない。五回の選挙勝利のシナリオぐらいは書かないといけない」

泉前市長の持論は「政治はあっという間に変わる」。つまり次期総選挙での政権交代は可能で、総理大臣を変えることはできるというわけだが、同時に、出発点にすぎないとも強調している。国民負担減の政治を実現するには、合計で五回ほど国政選挙で連戦連勝する必要があるとも訴えているのだ。そして、その長期戦のシナリオを描くのに専念したいという考えのようなのだ。そして、泉前市長はこう続けた。

「このキャラクターが（総理になっても）マスコミのネガティブキャンペーンの餌食になる。私はどこを切り取っても、金太郎飴のように失言なのだから」

しかし十二年間の明石市長時代もマスコミのネガティブキャンペーンの餌食になったものの、市民の応援で三期連続の当選を果たした。そこで「でも（ネガキャンにあった明石市長時代も）市民が応援してくれたわけだから」と再質問で指摘。たとえ総理に対するネガキャンの嵐が吹き荒れたとしても、圧倒的な国民の支持があれば乗り切ることはできるのではないかと示唆したが、それでも泉前市長は慎重姿勢を崩さなかった。

「大統領選ならさておき、総理大臣は衆議院の多数で選ぶから、市長や知事とは違う。市長や知事は権限があるけど、総理はそうではない。おまけに国は縦割りの行政だから、そう簡単にこれまでの政治を変えるのはそんなに簡単ではない」「二八九の小選挙区の映画館で上映をして、どの映画館でも人気を博すようにするのはけっこう大変なんや。一つの選挙区、映画館に専念する状況ではないし。

ただ最近、いろいろな人から声がかかって、少し動きが始まっているから諦めを希望に変える。一種、動きが始まったところかなと思っています」

それでも私は、泉前市長ほどパワフルであるならば、一人二役（監督兼選手）が可能ではないかと思い、「シナリオライター（監督）兼選手、プレーヤー（国会議員）はやらないのか。その可能性は」と再々質問をしたが、それでも泉前市長の返答に変わりはなかった。

「そんな器用ではない。口も悪いし、態度もデカいし。すいません。言っていただくのはあれですけれども」

やや角度を変えて聞いてもみた。「武蔵野政治塾」事務局長の橋氏が挨拶で引用した講演での発言「総理大臣になれば、市長よりも簡単に（政治を）変えられる」をぶつけてみると、泉前市長からは肯定的な回答が返ってきた。

「それはそう。総理の方が市長より楽やわ。総理だったら総合的に出来る。（国民の）給料が変わらないのに、税金は上がる、保険料は上がる、負担が上がる、物価が上がる。『どうしますか』でしょう。市長ができるのは、（市民の）負担の軽減と国から来た交付金の活用の二つだけ。総理は全部できます。給料を上げる政策、そして物価を下げる政策をできるし、税金も保険料も下げられる、負担も下げられる、総合的に出来る。しかも財源を（確保するのに）国債発行の手段もあるのだから、総理の方が本当は思い切った大胆な政策ができる。自治体の首長はやりくりしかできないが、国の総理はやりくりだけではない方法があるからできるはずだ」

やや泉前市長が前向きになったと感じたので再度、「それを聞いて、まさに泉さんが総理大臣になろうとしているのかなと思ったのだが」と聞いてみたが、最後まで泉前市長の慎重姿勢に変わりはなかった。

「私は（総理に）向いてない。このキャラクターで、こんな関西弁の早口の総理なんか向きませんよ。国際的な恥や。関西弁が恥だというわけではないけれども」

否定はしたものの、泉前市長は笑みを浮かべながら答えていた。総理待望論が盛り上がってくれば、衆院選出馬の可能性はゼロではないとの感触を得たやりとりでもあった。

●岡山講演の参加者も絶賛

岡山講演から五日後の二〇二四年三月二五日、「泉房穂・前明石市長の岡山講演で『総理待望論』が飛び出す」と銘打った私の署名記事がネット媒体「データ・マックス」に掲載された。この記事を三月二七日に引用リポスト（旧リツイート）したのが「カモミール」さん。「生で講演を聞きました。泉さんが総理になる、ならないは別にして、今これほど国民が希望を持てる講演は滅多にないと思いました」と絶賛する発信をしたのだ。

すぐに泉前市長はこの投稿（コメント）に「ありがとうございます」と反応（引用リポスト）、こう続けた。「講演の際にも言いましたが、〝あきらめ〟を〝希望〟に変えていくのが私の役割。その思いで、『あきらめるな、希望はある。今は夜明け前だ』と発信を続けているのです」（二〇二四年三月二七日のX）。

また講演当日（三月二〇日）に浦上雅彦氏が「溺れかけてる市民は全員救う。それが政治だとおっしゃられていました。自然と涙が溢れました。ありがとうございました」とX（旧ツイッター）で発信すると、この時も泉前市長はすぐに引用リポストをした。

「『溺れかけてる市民は、全員救う。それが政治だ』とのセリフですが、それは本気でそう思っています。自分や家族の力だけでは何ともならないことがあるからこそ、政治というものが必要なんだと思って、子どもの頃に政治家を志しました。政治家の仕事は、国民を救うことだと、昔も今もそう思っています」（二〇二四年三月二〇日のX）

主催者を含む参加者の心を揺り動かした泉前市長の〝岡山講演〟は、「誰一人として取り残さない」「溺れかけている市民は全員救う」という信念を貫いた三期一二年の明石市政を振り返るものだった。前半の約一時間の基調講演はいつものマシンガントークであったが、冒頭で主催者の橋氏が総理待望論を語る時に引用した〝市長限界論〟の関連部分は以下の通りだ。

泉前市長　まさに気持ちとしては、明石止まりではなくて、「優しい社会を明石から」と思っていたけれども、明石から始めるだけではなくて「明石から全国に広げる」「明石から国を変えて行く」といったことをしたいという思いで、ある意味（ネットで）発信をして本も出版し、今日、ここに寄せていただいている状況で、今日、私が来ているのは、実は明石市民のためです。

私は明石が大好きで、明石と心中したいと思って来ている。今も思っている。ただ明石市長として出来ることには限界がある。金も限られている。権限も少ない。本当は国が考えなければいけない。

私たちが住んでいる、この日本という国をもっと真面目な国に変えないといけない。明石市民も日本国民。国をちゃんとするのも、私に残された明石市民へのご奉公。私は本気でそう思っている。

講演当日に投稿した浦上氏が「溺れかけている市民は全員救う」と感動したと見られる関連部分でも、泉前市長は次のように熱っぽく語っていた。

泉前市長　よく市民にこう言われる。「明石は変わった」と言われる。何が変わったのか。「政治が変わったし、街の風景も変わったけれども、一番変わったのは市民の気持ちだ」と明石市民がよく言う。「一番変わったのは明石市民の気持ちが変わった」と。「自分たちが街を作り変えて来た」といった思いを市民がちゃんと持っている。明石で出来たことを明石市民は誇りに思い、選挙行動、投票行動もするし、加えて、例えば、明石では子供食堂なんかも全国で最も早く、すべての小学校区に立ちあがった。全国初や。そんな街や。

「子供食堂をしたい」と手を上げたら、明石市は任すのではない。一緒にやる。子供食堂をしたいという人がいたら、明石市がすぐに作った外郭団体という形だけれども応援する団体を作って、そこが場所を探す。明石市が責任を持って担任を通して知らせる。ボランティアが必要なのは気持ちや。それで十分や。金は行政が出せばいい。リスクも行政が負う。何かあったら行政が責任を負う。場所探しも行政がする。広報も行政がする。まさにみんなの助け合いの共助。共に助け合う共助。公助をするねん。

「この（子供食堂の）活動をする人、よろしくね」ではない。「共に頑張ろう」や。本来なら行政がしっかりしていたら、子供食堂なんか無くてもいいはずや。行政がしっかりしていないから、地域の方々と一緒に子供を支えている。

ただ明石市は子供食堂を始める時に、私はこう決めた。「子供食堂はなんぼ頑張ったって、毎日というわけにはいかない。月に何回か、週に一回二回や。そんなので子供の腹は膨らみ続けない。だから明石市が最後の責任を負う。子供食堂は気づきの場で、子供食堂に来ているけれども、来ない日に腹を減らしている子、来た方がいいけれども親の事情があって子供食堂にすら来れない子供の情報をくれ。だったら明石市が毎晩、飯を食わす」と。その方針を決めてやっている。明石市が児童相談所も作った。児童養護施設も作った。そこで二四時間、三六五日、飯を食わしている。そこの食堂であって、腹の空かせている子供の分も作っている。職員がシフトを組んで晩御飯を届けている。明石市は、たった一人の子供も腹を減らしたまま一晩過ごさせないようにする街や。根性や。それが政治や。子供が腹を減らしていたら、飯を届ける。それは政治の責任や。私は本気でそう思っている。

なので子供食堂をやる人が（市役所に）その情報を寄せてもらったら、最後は行政、明石市が責任を負う。「一緒に頑張りましょう」というメッセージを出した。今もずっと続いている。

いまや明石の子供食堂は、子供食堂だけではない。引きこもりの方とか認知症の方も含めて、地域の拠点に変わりつつある。どんどん街が強くなって来ている。誰が強くしているのか。市民や。私は声がでかいけれども、でかいから街が変わったわけではない。市民を信じて、市民と一緒に街を変えて行ったと本当にそう思っている。

●政治は誰が政治をするのかで変わります

今の最後の話、変えるのは誰か。市民なのです。私たちなのです。誰かではない。いろいろな役割とか出来ることに限界があるにしても、出来ることはあるのです。別に「子供食堂をして下さい」という話ではなくて、まさに私たちの世の中を変えていくのは私たちです。そして、変えるのはまさに今日、足を運んでいただいたこの方が一番早いと私はそう思っています。

お伝えしたいことをもう一回言います。街を変えることができる。政治は誰がやっても一緒ではない。政治は誰が政治をするのかで変わります。そして政治が変われば、市民が胸を張れる。子供たちが笑顔になれる。本当の話です。

もう一個、エピソードを言わせて下さい。コロナの時に明石市長としては国の顔色をうかがうことなく、街に出た。商店街のオヤジにこう言われた。「市長見てよ。だれも客がいない。三月（家賃）滞納やで。四月も客がいないから多分テナント料を払われへん。三月も四月も払われなかったら明け渡しや。市長さんと会うのも、これが最後かな」と苦笑いされた。「市長さんにテナント料のことを言っても仕方がない。ただパートさんが一人親家庭で、うちの金で子供を食わせている。でも客がいないから長く休んでもらっている。金を払われへん。あの家、心配やね。あの家の子、食えているのか心配やね。市長さん、頼むから腹を減らしている子供に飯を食わしてやってくれや。それぐらい出来るのではないか、市長だから」と言われた。

私はその時に「分かりました。両方やります。テナント料もなんとかします。子供の腹も膨らませます」と即答した。そして、テナント料がいつまでにいくらいるのか聞いた。

「いや、そんなことできないだろう。今日は四月十日で、支払日が二五日だから先日の四月二四日まであったら助かるけど、二カ月で一〇〇万円くらいかな」と言われたので、「分かりました。一〇〇万円ですね。何とかします」と言って、すぐ帰った。そして明石市役所に戻って幹部級の職員を集めて、こう言った。「これから突っ込むぞ。商店街が潰れそうや。子供が腹を減らしている。これまで作って来た貯金を全部はたいてもいい。全額を使ってもいいから助ける。市民が溺れかけている。これを助けるのが市役所の仕事や。共に頑張ろう。予算案を組んでくれ！」

そして、その足で明石の市議会の議長室に行った。「頼むから、私のことを好きか嫌いか知らんけど、市民が溺れかけている。すぐに市議会を立ち上げて、予算案を審議して欲しい」と。

そして、その後、すぐ銀行に電話をした。事情を説明して、「四月二四日にちゃんと一〇〇万円を振り込んで欲しい。銀行の手続きを始めてくれ」と言った。

実際にどうなったのか。明石市はすぐに議会が立ち上がり、予算案が通り、四月二四日に明石市内にある五〇〇くらいあるテナントに全部一〇〇万円振り込んだ。おまけに子供にも児童扶養手当に五万円上乗せをした。全国初や。助ける時に助けるに決まっているじゃないか。それが政治や。二週間で一〇〇万円振り込める。それが政治だと思う。

その後、五月になったら大学生がせっかく合格して大学に行ったのに、学費が払えない。親がリストラ。子供もほぼバイトが出来ない。滞納になってしまって五月、コロナで中退を迫られる学生がいっぱいいた。明石市は何をしたのか。親が（学費を）払えなかったら明石市が払う。明石市が親代わりや。実際、何をしたのか。明石市は大学生、大学院生、専門学校生の上限一〇〇万円で明石市が立て替えて大学の口座に振り込んだ。市の職員が電話をしまくった。関西の大学に電話をして「あなたの大学の中で明石市民で滞納している子供はいませんか。もしいたら『代わりに明石市が払うから辞めなくていい』ということを伝えて欲しい」と言った。一六〇人の学生に対して当面一〇〇万円で明石市が立て替えて代わりに払った。

そして、もう一個。中学三年生が高校に行きたいけれども高校に行く金がない。一人親家庭でお母さんが、例えば、夜の仕事をしていた時に夜（の店）が閉まってしまって金が入らない。そういう家庭で中学三年生がもう高校進学を断念しかけた。その時に私は「断念するな。断念するので今回は全部貸すのではなくて市が全部持つ。高校に行きたかったらちゃんと行け。高校に行く金は全部明石市が持つから行け！」（と言った）。

ただ、そういう子たちは（高校受験を諦めて）勉強しない子が多い。だから「半年前から勉強しなさい」という形で、半年間、週二回、大学生が学習支援をする金も市が持った。おまけに高校に入ってすぐ辞める子も多いから、「一カ月一万円の小遣いを渡すから三年間頑張れ」（と言った）。三点セットや。高校の入学金は全額持つ。半年前から学習支援をする。そして入って三年間、一カ月一万円の小遣いを渡す。これを、臨時議会を立ち上げて、それもやった。

私は読みを外した。明石市の対象学年の中三は、二七〇〇人。一％位かと思って三〇人の定員でまさに制度設計をした。募集をかけたら三〇人で収まらなかった。結局、二二〇人になった。「えっ、そんなに多く来たのか」と。私は「ちょっと待って」と言って二二〇人の応募書類を全部家に持って帰って読んだ。ボロボロ涙が出てきた。何が悲しかったと言ったら、みんな漢字を間違えている（笑い）。こんな大事な書類で、自分の名前の漢字を間違えている。そんな漢字を間違える子供たちがそれでも高校に行きたいと言っている。私はボロボロ涙を流して覚悟を決めた。

また臨時議会を立ち上げ直して、三〇人の定員を二二〇人まで増やした。全員救う。溺れかけている子供がいたら救うのが政治や。それがまさに政治だと思ったから、おかげで勢いに押されたのか市議会が通してくれた。二二〇人全員を「高校に行け」ということで応援をした。

その結果、うれしい話が昨年（二〇二三年）末にあった。どんな話か。ちょうど去年の暮、市長を辞めて半年経った頃ぐらいに、明石の駅前で晩飯を食べていた。そこで働いている女子高生のような女の子のアルバイトが、私が飯を食べてお金をレジで払って出かけた時に後ろから走って来た。「えっ、お金が足りなかったのか」と思ったら、そうではない。私の後ろから走って来て、「泉さん、お礼を言わして下さい」と言った。「どうしたの？」と聞いたら、「私、泉さんのお蔭で高校にいま行けています。あの時、お母さんと二人で『（市の支援金を）もらえるのかな』と不安だったのですけれども、ちゃんと明石市に応援をしてもらえたので、受験も出来たし、いま高校に通っています。でもお金が足りないから、こうやってバイトをしているのです」と言われた時に、私は本当にうれしかった。これが政治や。

あの時、定員三〇名で切っていたら多分、その子は二二〇名分の三〇名に多分入らなかった子や。それを拡充して二二〇にしたからこそ、その子はたぶん高校に行けているのだろうと私が思った時に、

「これがまさに政治だ」と思う。見るのは、国の官僚ではない。見るのは現場や。市民、国民の生活や。そこを見て、そのためにやれることをするのがまさに政治。そのことを感じた次第です。ちょっと暑苦しい話でトップスピードでした。いったん、これで前半の話（基調講演）とします。

後半の質疑応答も約一時間であったが、その中では次期衆院選に出馬するのかについての質問が出ることはなかった。そこで主催者の橋氏が最後の挨拶で「誰も聞いてくれなかったので」と言いながら総理待望論を口にするという流れになっていたのだ。そして、立憲民主党の泉健太代表からのラブコール（実質的な出馬要請）についても二〇二三年六月に記事化していた私は、再び次期衆院選出馬の可能性を取り上げた記事を発信したのだ。

このデータマックスの記事に関連して泉前市長は三月二七日、先に紹介したのとは別の投稿で以下のような発信もしていた。

「まずは『日本の政治の夜明け』に向けての〝脚本〟が必要だと思っている。あわせて〝キャスティング〟も必要であり、自分が〝役者〟をしたいわけじゃない。『国民を救い切る』には、衆院選三回と参院選二回の五回の選挙に勝つ必要があり、その〝シナリオ〟の作成が自分の役割との思い」

三期一二年間で子供関連予算を倍以上にして一〇年連続人口増を実現、「誰一人として取り残さない」「溺れた市民は全員救う」という信念を貫き実践をした泉前市長は二〇二三年四月の市長退任後、「国民を救い切る政治の夜明け」に向けて動き出していた。そして「横展開」と「縦展開」を二大戦略にしながら精力的な発信を続け、今や橋下徹・元大阪市長を超えるオピニオンリーダーに急浮上、政権交代の旗振り役としての存在感も示しているのだ。

2　支援候補が連戦連勝の泉房穂・前市長が「救民内閣」構想を発表

裏金問題が直撃、内閣支持率の過去最低記録を更新中の岸田政権はいまや政権末期状態だが、そんな中で政権交代の牽引車役として注目度が急上昇しているのが泉前市長だ。二〇二三年四月に市長退任をした後も支援候補が連戦連勝。退任後に初めて国政選挙に関わった「参院徳島高知補選（二〇二三年一〇月二二日投開票）」でも岸田文雄首相との応援演説対決を制すると、二〇二三年一一月二六日の東京新聞のインタビューで「救民内閣」を提唱、次期総選挙での政権交代は可能とも指摘した。二〇二四年の政治は泉前市長を中心に動くという予感を抱かせるほどの存在感を示しているのだ。

泉前市長の基本戦略は「横展開」と「縦展開」。明石市政一二年間の成功事例を全国各地の地方自治体に広げるのが「横展開」で、それを国政にも反映させようとするのが「縦展開」だが、前者については市長退任後、三田市長選（兵庫県）を皮切りに岩手県知事選、立川市長選（東京都）、そして所沢市長選（埼玉県）に関わり、支援した候補がいずれも勝利した。そして「縦展開」の初陣となった参院徳島高知補選でも、泉前市長が支援した立民前衆院議員の広田一候補が、岸田首相が応援演説をした前県議・西内健候補（自民公認）に競り勝ったのだ。

総理大臣待望論が高まる泉前市長と内閣支持率低下が続く岸田首相の勢いの差を目の当たりにしたのが、二人が同じ日に徳島入りをした参院補選ラストサタデーの一〇月一四日。秘書暴行事件を起こした高野光二郎参院議員（自民党）の引責辞職に伴う参院補選は、広田候補が自民公認の前県議・西内候補にやや先行していた。そこで岸田首相は、徳島駅近くで公明党の山口那津男代表とそろい踏み街宣を行い、麻生太郎副総裁の公明党幹部「がん」発言で悪化した自公の関係修復をアピール、「西内さんに国で仕事をさせて欲しい」と訴えたが、応援演説を始めた途端、「増税メガネ！」というヤジが聴衆の男性から飛んだのだ。防衛費大幅増額などで増税必至と見られていることからついた異名で急速に拡散、そんな国民の怒りを男性はぶつけたのだが、すぐに警備員に取り囲まれて会場から立ち去ることを余儀なくされた。

すぐ隣脇の報道関係者エリアで退去の光景を目にした私は、街宣後の聴衆とのグータッチを終えた岸田首相に向かって声掛け質問をした。

「『増税メガネ』という声が出ていましたよ。ガソリン減税、やらないのか。選挙が終わったら増税するのですか」と大声を張り上げたが、岸田首相はこちらに視線を向けることもなく、そのまま車に乗り込んで走り去った。囲み取材も設定されず、ヤジの受け止めを記者団に語ることなく選挙区を後にしたのだ。

一方、岸田首相街宣の三時間前に徳島駅前で広田候補の応援演説をした泉前市長は人気抜群だった。「今回の補選は与野党対決ではなく、これ以上の国民負担を許すのかが争点」という泉前市長の訴えに聴衆から何度も拍手が沸き起こり、街宣後も握手を求める聴衆が列をなし、著書へのサインを頼む人もいたほどだったのだ。

記念撮影タイムが終わると、囲み取材が始まったが、ここでも街宣と同じようなマシンガントーク。記者団に補選の争点や岸田首相批判などについて十分以上にわたって熱弁をふるいながら、「政治は一気に変わる」とも強調したのだ。

まず私が「補選の構図は与野党対決ではないと（応援演説で言っていた）」と聞くと、泉前市長は「そうなんや。マスコミは楽しすぎている。何でもかんでも『与野党対決』にするが、今回は違う」と言って、こう続けた。

「もちろん与野党対決の面は見えるが、一面にすぎなくて、これ以上の国民負担を続け、増税に行くかどうか。『国民負担増か否か』が争点と思っている。今回、（広田候補が）勝ったら、さすがの総理も立ち止まると思うから。財務省とか経団連とかは頭が固いままだから国民から税金を取ったり保険料を上げようとするが、楽な政治を続けた結果、結局、国民はお金を使えないから経済が回らないやんか。悪循環に入っている。国民がお金を使えるような政治に変えたら、経済が回って結果的に経済成長をするのだから、そこの転換でしょうね。そこに、国民が声を上げて、まさにわかりやすい形の選挙を通して、結果を出すのでしょう。

そういう意味では何やかんや民主主義だから選挙の結果は重たいものなので。私もなぜ、こんなキャラでもっているかというと、選挙で勝ったからですよ。まさに選挙を通して、民意がクリアになるのでしょう。そのことによって政治は進む。今回の結果は大きいと思いますよ。どっちに転ぶかはとても重要。だから私も言いましたけれども、これは徳島高知の戦いではなくて、全国民の戦いですから。全国民が集中して、ここに住んでいない有権者の方もちゃんと（補選選挙区内の）知り合いに声をかけて、自分たちの生活を守るために、今回は勝ち切らないといけないと思いますよ」

●徹底した歳出改革

明石市長時代に子供関連予算を倍増以上にした原動力は、徹底した歳出改革だった。優先順位の低い公共事業（下水道事業や市営住宅建設など）の予算を減らして、財源を捻出していたのだ。その根底にあるのは「すでに国民（市民）は海外並みに税金や保険料を支払っている。これ以上の負担を強いるべきではない」という信念だ。殺害予告が来てもこの方針を貫き、負担増なき子供予算を二・四倍にまで増やすことを実現したのだ。

「国民負担をこれ以上増やすべきではない」という泉前市長の立場は、今回の参院徳島高知補選でも一貫していた。広田候補が公約に掲げていた「トリガー条項発動によるガソリン減税」についても聞くと、泉前市長はこう即答したのだ。

「そんなもの、すぐやったらいい。ガソリンが高いのは、ガソリンそのものではなくてガソリン税や石油税や消費税とトリプルで税金が高いからだ。（岸田首相は）トリガー条項が決まっているのだからやったらいいのに、こんな時だけ平気で法律無視している。トリガー条項を適用して、ガソリン税の部分の負担軽減をしたら一番シンプルや。その方が（業界に物価高対策費を出すより）お金が安い。

トリガー条項適用をしてしまうと、透明性が高いから業界対策にならない。業界を通すからバックマージン的な部分とか政治献金とかで政治家が潤うのであって、結局、自分の儲けのためにやっている政治が続いている。国民のための政治をやっていないということですよ。

ここまで国民を無視した政治が続くと、さすがに国民も『いい加減にせいよ！』と思っている。だから地方選挙ではバタバタとこれまでの方々（現職）が落ちていって市民の方を向いた新人が通っている。市民・国民は今の政治が続いていくことは望んでいないと思います。変わる時は一気に変わると思うな」


二〇二三年六月七日の長妻昭政調会長の時局講演会で泉前市長の講演を聞いて以降、私は岩手県知事選や所沢市長選や参院徳島高知補選などでの〝追っかけ取材〟を始めたが、繰り返し主張しているのは「市民（有権者）が動けば、政治は変えられる」というメッセージだ。小選挙区制中心の選挙制度であることから「一気に政治は変わる」とも強調、次期総選挙での政権交代が可能であるとの見立ても披露していた。「一回の衆院選で政権は取れる」（二〇二三年一一月二六日の東京新聞）というのは、泉前市長がこれまで繰り返し訴えてきた持論であったのだ。

そして、「岸田首相はすぐに辞めるべきだ」とも泉前市長は囲み取材で語っていた。

「（岸田政権は）選挙の時だけ減税っぽい言葉を出すでしょう。減税っぽい匂いを出したり、自民党の一部が（減税の）声を上げたり。毎回や。選挙の前になったらごまかして『減税をするかも知れない』とか言うだけやん。実際、やっていないやん。減税するのだったら選挙の前にしたらいい。国民に問うのは『国民にこれ以上の負担をしてもらってもいいのですか』であって、ないしは『国民にやってきたサービスをこれからはすいません。やりません』というのを問うのが選挙や。減税するのだったらすぐにやったらいい、明日にでも。総理はできるに決まっている。総理大臣というのは権限があるのですよ。ここまで税収が増えているのだから、お金は使える。

実際に岸田さんは決断できない人ではなくて、自分のためなら決断する人なのです。それこそ、アメリカのためやったらすぐに防衛費を（倍増することを）決断できるし、安倍派に媚びを売るために国葬を決断できるし、自分の息子をみんな反対でも大抜擢をするわけでしょう。決断をしている。ポイントは誰のための決断か。国民のため、国民の生活を守るため、国民の安心、国民の笑顔を守るために決断をしたらいいわけじゃないか。すぐ出来るに決まっているやん。総理だったら出来るに決まっている。単に総理になりたいだけで、後は総理を長く続けたいだけでやっているので、こんなことになっている。総理になりたかったのなら、総理になってすぐに辞めたらいい」

総理大臣待望論が高まる泉前市長の口から岸田首相退陣論が出れば、当然、次期総選挙での出馬を視野に入れているのかと誰しも思う。実際、記者団からも「国政選挙に出るのか」という質問も出た。これに対して泉前市長はあくまで総監督役に徹すると答えた。

「私が国政に出るのは関係ないです。私は国民の笑顔と安心をホンマにやりたいと思っているから。

私がどうこうではない。私は、自分がしたいことは明石で一二年間やってきたし、自分としては人生一定程度やった充実感はあるので、私としては『自分が』ではない。ただ国民が苦しんでいるので見て見ぬふりをするのはおかしいと思うから、自分の役割があれば、今日も隣の兵庫県から来ましたが、徳島高知だけではなくて、兵庫県民・明石市民を含む全国民に重要だから来ているのであって、そういう役割は果たしますけれども。

よく聞かれるのですよ、『国会に出るのですか』と。私が一人、国会議員になっても仕様もないじゃない。一人、総理大臣になったところで、どうせマスコミがネガティブキャンペーンをやって引きずり降ろされるから。マスコミなんて、すぐそういうことばかりするのですよ。そういう意味では『私が』ではなくて、映画の総監督。シナリオを描いて、映画の総監督のような形にしてキャスティングをしたい。主役とか助役とか助演とかを配置して、全体のストーリーを作って、映画のタイトルは『日本の政治の夜明け』というか、『国民の笑顔』とか『国民の安心』。大事なのは総理を取ることではない。総理を取るのは手前や、スタートや。総理を取って財務省に対して『国民負担を課すな』『国民の負担減をしろ』と指示をして、中央省庁を再編してドラスチックな改革をして、国民が安心して暮らせる社会を作るのが目的なのだから。目的は総理大臣になることではない。目的は国民の安心や。国民の笑顔が政治の目的や。今の政治家は自分のことばかりや。総理になって国民を救うとかする気がないのだったら『目指すな』と言いたいですよ」

最後に「同じ日に岸田総理と応援演説、対決するような形になったが」と聞くと、泉前市長は「対決するような人ではない。言葉悪いけど」と格下扱いにすると、記者団から笑いが起きた。

泉前市長の支援候補が自公支援候補に勝利した参院徳島高知補選は、日本の政治の転換点と位置づけられる可能性がある。「増税メガネ」の異名拡散で不人気な岸田首相と、総理大臣待望論が高まる人気抜群の泉前市長の勢いの差が、聴衆の反応の違いや投票結果にそのまま現れたようにみえたからだ。「パワフルなマシンガントークの泉前市長が政権交代の旗振り役になれば、次期総選挙での救民内閣誕生が現実味を帯びてくる」という期待感を抱かせるのに十分なオーラを放っていたのだ。

●「救民内閣」誕生への道——泉房穂前市長に泉健太代表が実質的出馬要請

二〇二三年一〇月の所沢市長選で地方選挙支援をいったん打ち止めにすると宣言した後、泉前市長は次期総選挙での政権交代に向けた活動を本格化させた。一二月七日には立憲民主党議員らの「直諫の会　オープン勉強会」で講演し、国民負担増を狙う岸田政権を批判しながら「救民内閣」構想を紹介した。翌一二月八日にも、同党の原口一博衆院議員らが主催する「日本の未来を創る勉強会」で講師を務め、ここでも救民内閣構想についての意見交換をしたのだ。

今の政治を変えたいと考える野党議員との連携に前向きな泉前市長は、次期総選挙に出馬予定の元国会議員主催の集会で講演もしていた。二〇二三年七月二九日には、山口二区補選で岸のぶちよ候補（現・衆院議員）に僅差まで迫った平岡秀夫・元法務大臣の後援会主催の集会で講演。タイトルは「政治を変えれば、生活は良くなる」だった。なお平岡氏は次期総選挙で立民公認候補として出馬する予定だ。
二〇二三年九月三日にも泉前市長は、岡山三区で立民から出馬予定のはたともこ元参院議員の集会でマシンガントークを披露。こちらのタイトルは「今の政治は裸の王様」。この頃から泉前市長は、志を同じくする「救民内閣」賛同議員を増やすべく、全国講演行脚を始めていたようにみえるのだ。総選挙が確実視される二〇二四年の政治決戦に向けて、二〇二三年から着々と布石を打っていたのは間違いない。

「救民内閣」構想はどう具体化していくのか。注目点は、泉前市長は先の東京新聞のインタビューで「既存政党とは別の新党を立ち上げるというよりも、全ての既存政党を壊すイメージ」と述べつつ、「国民の負担増を許さない勢力を一つにまとめるのか、連合軍で戦って勝つのかは、いずれでも良い」とも語っていること。イメージとしては既成政党を壊すとしつつも「連合軍」、つまり野党との連携を否定していないことだ。

二つの選択肢がある。泉前市長が総監督に専念する場合と監督兼選手（プレーイングマネージャー）の一人二役をこなす場合だ。前者なら、救民内閣に賛同する現職議員や新人候補を応援、自公連立政権を下野させることを目指す。後者なら政権交代のシナリオ作りをすると同時に、次期衆院選で明石市を含む兵庫九区（西村康稔・元経産大臣が現職）などの小選挙区や比例区から出馬する。この場合は、「泉房穂総理トップの救民内閣を誕生させよう」と呼びかけることが可能だ。

いずれも荒唐無稽な絵空事ではない。実際、泉健太立民代表は二〇二三年六月十四日、以下のような実質的な出馬要請をしていた。「子ども・若者応援本部合同会議」に泉前市長を招き、岸田政権の

少子化問題の党内ヒアリングで泉房穂前市長に実質的出馬要請をした泉健太立民代表。

少子化対策を論評してもらった時のことだ。

「恐らく今日ここにいる仲間たちの思いを私が代弁すると、『ぜひ、一緒にやっていただきたい』という思いをみんな持っていると思います。これはラブコールです」。

これに対して泉前市長は即答しなかったものの、連携の思いを込めたエールを送った。

「政治は希望ですよ。政治家は国民に対する責任がありますから、政治家はあきらめたらダメなのです。どんなにきつくても国民のために精一杯やっていくことだと思っています。今の状況が残念なものである以上、一番期待されているのはここにおられる皆さまだと思います」。

横展開に加えて縦展開（国政変革）も強く訴える泉前市長は、二〇二三年半ばから野党第一党の立民との連携を強めていた。一週間前の二〇二三年六月七日には長妻昭政調会長主催の時局講演会で泉前市長が講演。「自治体だけではない。国も変えないとアカン。ほんまにそう思っている」と切り出し、明石市長時代の一二年間を振り返ってもいた。公共事業の後倒しなどの歳出改革によって、市民負担を重くすることなく子供予算を一二五億円から二九七億円の二・三八倍に増やした。そして医療費無料など五つの無料化を実現すると共に、子育て関連施設（遊び場や授乳施設など）を駅前に作るなどの政策も進めた結果、子供に優しい街として人気が上昇、一〇年連続で人口増が続き、商店街も賑わいを取り戻し、税収アップで市の財政健全化も進んだ成功事例を語っていたのだ（第1章3節で紹介）。

そして「政治は変えることができる」「変えるのは市民、国民」と強調しながら泉前市長はこう続けていた。「私としては、明石でやることは自分なりにやった。これを全国に広げていきたい。明石止まりではなくて、明石で出来たことは他の街でも出来るのです。ましていわんや、国で出来ないわけがない」。

三期一二年の任期を終えた泉前市長は、明石での成功事例を他の自治体に広げる「横展開」だけでなく、国政にも広げる「縦展開」も目標としていたのだ。東京新聞で「救民内閣」構想を口にしたのは二〇二三年一一月だが、それ以前から政権交代の具体的イメージ（シナリオ）を思い描いていたのは間違いないのだ。そんな意気込みを熱く語る泉前市長に向かって、聞き惚れた泉代表が「一緒にやっていただきたい」というラブコール（実質的出馬要請）を送ったという経過になっていたのだ。

八カ月後の二〇二四年二月一六日、都内での講演を終えた泉立民代表に出馬要請の進捗状況を聞くと、「内部的な話なので」と無回答。そこで、前経産大臣の西村康稔衆院議員の名前を出した上で、兵庫九区から出馬する可能性について再質問をしたが、「さあ、どうでしょう」と言って笑みを浮かべるだけだった。

二〇二四年二月五日のネット番組「横田一の現場直撃」に出演していただいた泉前市長にも兵庫九区から出馬する〝監督兼選手説（一人二役説）〟について聞いてみたが、二〇二三年一〇月の徳島駅前の囲みと同様、否定的な回答が返ってきた。「やっぱりシナリオを書いてキャスティングして全国上演館をあてがうみたいな辺りは大きな仕事なので、自分がその役者の一人だったら、やっぱりなかなかそれはできないので」（泉前市長）。

一方で泉前市長が提唱する「救民内閣構想」が多少形を変えながらも広まりつつあるのは間違いない。このことを確信したのは、二〇二四年二月四日の立憲民主党の党大会直後の泉代表会見。泉代表提唱の「ミッション型内閣」が「政治改革救国内閣」とも呼ばれることから、「一文字違う泉前市長提唱の『救民内閣構想』とほとんど同じなのか」と聞くと、次のように答えた。

「似ていることを言っているのではないかというふうには思っている」「自民党政権、まさに裏金政治を一掃する『救民・救国内閣』を作るために各政党が何をなすべきか。どうしたら次の総選挙で自民党を外すことができるのか、それぞれ（の野党が）出来ることを考えてもらう。その行き着く先が『救国内閣』『救民内閣』になるのではないかと思う」「（泉前市長と）同じことを訴えているのは心強いし、そういう声が世の中で高まっていくのも心強いと思うから我々と共感するところは多々ある」。

支援候補が連戦連勝して岸田首相との応援演説対決も制した後、政権交代への道筋を具体的に語り始めた泉前市長――これから野党がどう連携して「救民内閣」誕生の気運を高めていくのか。総選挙が確実視される二〇二四年は、総理大臣待望論が高まる泉前市長の言動から目を離すことはできない。

3　「明石を優しい街にする」と誓った泉房穂前市長の三期一二年

明石での成功事例を国政にも広げることを目標とする泉前市長は二〇二三年六月七日、長妻昭政調会長主催の時局講演会にも招かれて熱弁をふるった。ここで、「市民負担増なき子供予算倍増以上の明石市政一二年間」について詳しく語っていたのだ。

「自治体だけではない。国も変えないとアカン。ほんまにそう思っているのです」と切り出した泉前市長は、市長になると誓った少年時代を振り返ることから話を始めた。

「私自身は自分の幼き頃、家が貧乏で貧乏自慢しかできませんけれども、オヤジも漁師で小学校を出て漁師をするオヤジでした。貧乏でした。その家に四つ下の弟が障害を持って生まれて、ひどい時代でした。『障害者や頑張って働く者に対して、鞭打つような社会だった』と自分は子供心に思いました。自分は一〇歳の時に、こんな冷たい街は嫌だと。自分の故郷をもっと優しい街にしたいと。ほんまに一〇歳で誓ったのです。自分は一〇歳の時の幼き自分の子供心の誓いを果たすために、一生懸命勉強もしましたし、政治の道を志し、何とかようやく明石市長になれて一二年間明石の街を変えることができた。そういう意味においては、自分としては一〇歳の時に誓った『冷たい明石の街を優しくする』『優しい社会を明石から』、そういう思い続けてきた五〇年でありました。（拍手）

ただ私自身は『優しい社会を明石から』という気持ちは子供心からあったのですが、『この明石から』には二つの意味を込めていました。どこの街がしなくても、たとえ国がしなくても自分が故郷・明石で優しい街を作ってみせる。明石から始めるという強い覚悟です。ほんまにそう思って生きてきました。

ただ、もう一つあります。『明石から』には、明石から始めるだけではない。『明石から広げる』という意味も込めていたつもりです。『明石から広げる』とは明石で出来ることは他の街でも当然出来ることなのです。ましていわんや、国で出来ないわけがない。そういう意味において明石市長一二年を終えた今の気持ちとしては、明石でやって来たことをしっかりと他の自治体、他の街にも広げていく努力を重ねたい。

そして何よりも明石市民も日本国民です。まさに国がちゃんとしないと、前明石市長としては明石市民のためにもなりません。冷たい国の政治を国民に寄り添う政治に変えていく。これは私自身が明石市民に対する責任としても感じている。そのために自分としては、一二年間の明石市のある意味、やってきたことなどをぜひ皆様にお伝え申し上げたいと思っています」

●「冷たい明石の街を優しくする」

まず「冷たい明石の街を優しくする」という一〇歳の誓いを五〇年かけて果たした半生を振り返った泉前市長は、市長時代の一二年間で市がどう変わっていったのかを語り始めた。

「おかげ様で明石市、本当に街が変わりました。分かりやすい数字でいきます。市長になった一二年前、二〇一一年当時ですが、明石市も他の全国の自治体と同じような状況、三重苦にありました。一つは人口減少が始まっていました。二つ目は財政は赤字でした。三つ目は駅前の衰退。街はどんどん衰退を続けていました。この三重苦で私は市長になりました。

一二年間、市長をやった結果、一〇年連続で人口増が続いています。しかも人口増割合は、全国の同じ規模の中核市六二ある全国の中で第一位になっています。ちなみに兵庫県下は明石市以外は全部人口減少。私は人口増をしたいわけではないのです。住みやすい街を作りたいだけだったのです。住みやすい明石を作ったら明石市民は明石を離れなくなります。周辺はみんな明石にやってきます。明石の人口増は半端ない勢いです。人気も高まりました。

財政も完全に黒字化しました。明石市は五つの無料化で有名ですが、あれもこれも市民に対してサービス向上をやっていますが、それでも財政は黒字。貯金が溜まり続けています。要は簡単な話です。市民から預かっている税金をどこに使うかなのです。改めて言いますけれども、今の日本というものは言うまでもありませんが、日本はすでに多くの負担を国民がしています。四七・五%と言われるほどの半分近い国民負担率。これは他の国並みです。他の国と同じように国民は負担している。にもかかわらず、こんなに生活が苦しい。頑張っていないのは国民ではありません。頑張っていないのは政治なのです。国民から預かっている税金をどこに使っているのかというのが問題なのです。

私が市長になってやったことは、『市民から預かっている税金は市民に戻すのだ』ということです。

単純に戻すだけではありません。市民から預かっている税金に対して、市民の税金で食わしてもらっている市長もそうです。公務員、市役所職員もそうです。市役所職員は、私が雇い主ではありません。公務員の雇い主は市民なのです。市民のお金で雇われているのが市役所職員であり、市長なのです。市民のお金で雇われている市長や職員がそのお金でもって汗をかいて知恵を出して、預かっている税金に付加価値、つまり預かっている税金に対してどう使えばいいのかという知恵を絞り、そして市民の元にかけよっていく。汗をかく。そういった中で税金に付加価値をつけて戻していく。これが私は、本来の政治行政だという考えの持ち主です。

市長になる前からそれを言い続け、一二年間、自分ではやってきたつもりです。おかげ様で明石市民からよく言われます。『明石だったらなんぼでも税金を払いたい。税金を払ったら払って以上に返って来るから』とよく言われます。

そういった状況で明石市は財政が完全に黒字化をし、市長になった時には実は隠れ借金というものが一〇〇億円ありました。この一〇〇億円を私が市長になって一二年間で全部払い切りました。おまけに五〇億円貯金を貯めたのです。明石はあれもこれも無料化していますけれども、一五〇億円のお金を作りました。そしてお金は市民に使うようにした。

一つの例を言います。子供に関する予算です。国の方も言います。『子供予算の倍増』などと議論が始まっていますが、私は『すぐやれ！』という考えです。明石市長になった時、明石市の子供に関する予算額は、全体が明石市人口三〇万人で一年間に動くお金はだいたい二〇〇〇億円の街です。一年間二〇〇〇億円のうち、当時、私が市長になる前年度の決算は子供予算、一二五億円を子供に使っていました。最後の年、私が子供に使ったお金、二九七億円です。一二五億円にすぎなかった子供予算を二九七億円まで増やし、二・三八倍にお金を増やしました。増税なんかしていません。新たな保険制度も入れていません。まさに自治体ですから、やりくりをしたのです。やりくりをして子供予算は私が市長の間に二・三八倍に増やしました。だから明石市は、あれもこれも子育て支援策ができるのです。

こういう声もあります。『そんなに子供に（支援策を）やっていたらきっと高齢者は（支援策を）やってないだろう』。違います。明石市は子供にしっかりとあてがった結果、地域経済が活性化し、税収が増え財源ができた結果、最近になって高齢者のバス料金を無償にしました。医療費も認知症の費用は無料。予防接種料も無料です。明石市は全国トップレベルの子供施策ですが、高齢者（施策）も障害者（施策）もトップレベルです。要は、お金を市民に使っているのです。

それならインフラはボロボロか。そんなことはない。やりくりをして、ある意味、しっかりと適正化をはかっただけです。どこかにしわ寄せは行っていません。しわ寄せなんかが行かない形の中で市民の方を向いて、市民のためにお金を使えば、街は潤うのです。それを明石市長として一二年間やってきたというのが自分自身の自負であります。そういった中で明石市は、一〇年連続で人口増。そして人気も高まり、そして税収も増え貯金も出来てきた。その結果、何が起こったか。まさに街が優しくなりました。

よく市民に言われます。『明石市はほんま優しくなった』と市民が言うのです。どういうことか。一二年前は例えば、駅前でベビーカーを押す親子連れで子供が泣き叫ぶと、周りがしかめっ面をしたりして冷たい目で立っていました。今は違います。駅前はベビーカーだらけです。子供だらけになりました。駅前には授乳室を一杯作りました。駅の構内に直結して授乳室も作りました。まさに明石は子供の街なのです。子供ファーストをまさに絵に描いたような形で駅前の一等地に授乳室を作り、そして駅前の一等地に子供の遊び場、子供の検診センター、続々と子供を中心に持っていきました。その結果、駅前に子供連れが集まり、そして賑やかになり、いまや子供が泣き叫んでもみんなが微笑ましく、笑顔でいる街に変わったとよく言われます。子供だけではありません。お年をめした方が重い荷物を持っていると、『荷物を持ちましょうか』と声をかけあう街になった。私が明石で自慢したいのは、明石市が五つの無料化とか人口が増えたではないのです。明石の街の街そのものが変わった。市民が変わったのです。

そして、こういう話をしますと、よく周りの市長からこう言われました。『あんな変わり者の明石市長だから出来たにすぎない』と少し前までは言われていました。ところが最近は違います。若干、一二年間を振り返ってみますと、私の一二年間は本人は変わっていませんが、周りの評価は一気にどんどん変わってきました。実は、最初の五、六年間はもう総スカン状態でもうほんまにしんどかった。ところがその後の三年ぐらいで、明石市民が応援に変わり、そして最近の二・三年くらいは周りの街がどんどんオセロのように変わり始めました。明石市は子供に関係する形で医療費なども一八歳まで完全無料化。薬代も歯医者も他の市街であっても無料だし、所得制限もない。負担もない。完全無料化をしていました。

これをやったら周りの市長さんたちは『そんなのできるはずがない』『あんなの変わり者だから』

と言われましたが、いまや兵庫県、一〇を超える自治体が明石同様になりました。オセロのようにバンバン入れ替わっている。それが明石や兵庫県だけではなく、最近では全国にどんどん飛び火をしてきました。つまり子供を応援すると、子供やその親だけではなく、子供とは未来ですから、子供を応援すると街が元気になる。街が元気になって経済が活性化してくると、税収や財源が伴ってくるので他のテーマもできるようになる。すなわち子供は未来への投資なのです。投資というとあれですけれども、子供は未来そのもの。子供を応援すると、街のみんなが幸せになる。これを証明したと私は思っていて、どんどん広がっていっている。この東京でもどんどん、いろいろなところが新たな政策に舵を切ったということであります。

ここで是非お伝えしたいのは、これまでの思い込みを脱する必要があるのです。どんな思い込みか。大きく二つ思い込みがあります。『政治というものは簡単に変わらない』という思い込み。そんなことはありません。自治体の場合はトップが変われば、一気に政策は転換できます。

もう一つの思い込み、お金がない。これは嘘です。ないわけがない。使い道が違うだけなのです。国民負担を増やさなくても、当然、国であれば、いろいろな方法もありますから、やりくりをしてもいいし、例えば、違う国債の発行とかも含めて、いろいろな方法を使えば、これ以上国民を苦しめなくても国民のための政治をすることは可能なのです。

政治はまさに変えることができる。そしてお金は何とかなるのです。そして、もう一つ大きなポイントはそれを変えるのは誰かということです。これはまさに市民、国民なのです。これは、私は本当に皆さんに声を大にしてお伝え申し上げたい」。

●「選挙で政治は変えられる」

まず明石市での成功事例を示した上で、他の自治体や国政でも同じような政策転換ができると畳み掛けるのが、泉前市長の特徴だ。大の選挙好きでもある。初当選の体験を元に「選挙で政治は変えられる」とも訴えていくのだ。

「お蔭様で明石市、こんなキャラの濃い、こんな口が悪い私ですけれども、お蔭様で本当に市民は応援を続けてもらいました。私は実は一二年前、市長選に立候補した時は本当にマスコミからバカにされたのです。私、一二年前に明石市長の立候補に手を上げた時、実はその時にはすでに『もうほぼ決まった』と言われる候補者がいまして、当時の兵庫県の知事さんの側近が全政党に担がれる形。ある意味、当時、私はかつての民主党にいましたけれども、民主党も自民党も他の党もみんなその方を応援して、各種団体も全部その方を応援して、もう勝負ありの状況になっていました。そこに私が手を上げた。

マスコミに聞かれましたよ、記者会見で。『相手候補は盤石です。ほぼ全ての政党、ほぼ全ての業界団体が応援している強い候補です。盤石です。あなたの支持団体は何ですか』。私は即答しました。『私の支持団体は市民です。以上。何か問題ありますか』。

笑われました。そして、こう言われました。『そんなので勝てますか』。即答しました。『勝ちます。

私が勝つことが明石の街のためだから』。

どっちが多いのですか。有力者の一票。そうでない市民の一票。有名な金持ちも一票。そうでない人も一票なのです。市民を信じて、市民の方を向いた政治をやれば、市民がちゃんと選挙で応えてくれる。私はそういう考えの持ち主です。一二年前の選挙、全国の統一地方選挙でしたが、実は私、人口三〇万人の明石市でその時の得票数、一騎打ちで六九票差。わずか六九票差で私が市長に選ばれました。そんな僅差でも市長にさせていただいた。

その後も私もいろいろな形で自業自得も含めて不祥事的なこともありましたけれど、市民は一貫して応援を続けていただき、一二年間、明石市長をさせていただきました。

そして今回、(二〇二三年)四月の(統一地方)選挙、明石市もおかげ様で私自身が公募をして、『明石の次の市長、そして明石の市会議員に出ませんか』という形で公募をしたところ、七〇名もの人が『立候補したい』と手を上げていただき、その中から選りすぐりの候補者を選んだ結果、全員圧勝しました。市長の後継候補は、相手候補は自民党と公明党がタッグを組んだ候補者でしたが、選挙結果はダブルスコア。自民・公明の候補に二倍以上の大差をつけての当選となりました。

市会議員も全員当選しましたが、二〇〇〇票で通るところ、私が推した候補者は三歳、四歳の子育て真っ最中のお母さんとか、三一歳の若者とかでしたが、一万二〇〇〇票、一万票、八〇〇〇票と必要な得票の五倍、六倍とって軒並み当選、圧勝しました。つまり明石市民が完全に変わりました。いわゆる俗にいう古い政治ではなく、市民の方を向いた政治を自分達が作ってきたというまさに誇りが出来たということだと思います」

明石市が優しい街に変わると同時に、明石市民も選挙も変わったと強調した泉前市長は、〝国政変革〟（縦展開）への思いも語り始めた。

「私としては、明石でやることは自分なりにやった。これを全国に広げていきたい。国で出来ないわけがない。国なら金持ちですよ。だって、お金も刷れるし、国債も発行できるし、ビックリするようなお金を触っているのですから。問題はそのお金がどこに行っているのか。それが国民の方に行っているのか。そうでないのかがポイントだと本当に思います。

そういった意味では日本の政治はこれから変わり時なのです。変えるまさにタイミング。ちょうどいい時期です」

「暑苦しい話となりますけれども、まさに政治は変えていける。誰が変えていけるかというと、それはまさに私達なのです。私、選挙の時に基本的に『皆様』とは言いません。『私達の街、明石』です。私は私の仲間の一人です。『市民と一緒に作る』というよりも『市民の一人』です。市民の一人がある意味、市役所の中に一人で乗り込んだ状況が続いたのが正直です。

基本的に政治は誰がやるのかというと、選挙で選ばれた政治家だけではないのです。私たち一人一人がまさに主人公で政治を変えていける。ただ残念ながら、これまでの日本においては、あたかもそれが不可能であるかような諦めのような空気がありました。

でも、そうではありません。しかも諦めるわけにいきません。これからのことを考えた時に、今のままの日本の政治でいいとは到底思えません。大人としてそれは申し訳ないことです。『こんな冷たい冷たい政治をこのまま残すわけにはいかない』というのが私の本音であります。

実はいま私、今年（二〇二三年）還暦六〇歳になるのですけれども、四〇年前の大学時代、私は弁護士でもあるので法学部と勘違いされますが、そうではない。私自身は四〇年前の大学は教育学部、教育哲学をしていました。その頃に書いたレポート、今も家にあるのですけれども、どう書いたか。『世界の中で日本ほど子供や教育にお金を使っていない国はない』ということであります。『子供を応援しない日本に未来はない』と書いたのは四〇年前です。その時も愕然としました。なぜ日本だけがこれほど子供にお金を使わないのか。そこは調べた結果、私がその時に思ったのは日本というのは一種特殊な事情があって、ムラ社会とか農業が中心だったこともあって大家族とかコミュニティに分かれていたので、子供というのは地域が責任を持つ。そして家族が責任を持つという、まさにそういった世帯主義とか大家族主義が強くて、政治行政が特に関わらなくても大丈夫という珍しい社会であったということであります。

ところが今や違います。昔のような農業や漁業で食べることができる時代ではありません。そして核家族化が進み、大家族ではないのです。子供を育てるのを家族任せにして、子供が幸せになるわけではないのです。それを放置しているから子供の虐待とか子供の貧困というものが続いているわけでありまして、まさに何が問題かというと、親のせいではないのです。政治がしっかりと他の国と同じような形で子供を応援しなかったことが今の日本。それが少子化だと私は思っています。

それでは、どうすればいいのか。分かりやすい話です。他の国並みにすぐやることです。そして、他の国以上にやらないと、これまで何十年もやってこなかったわけですから、いま他の国並みにしただけでは足りない。すぐに他の国並みに。簡単に言うと、子供予算を倍増し、その後、三倍増ぐらいにしていけば、日本も変わります。分かりやすく言えば、もう一人、二人子供を作っても、ちゃんと大学を行かすことまでが大丈夫と思えるのかどうかです。

今の国の議論を聞いていると寂しい限りです。その程度では足りないのです。もう一人子供を作っても何とかうちの収入で何とかやっていける。子供の夢を叶えられる。そういった思いがないと、なかなか結婚すら躊躇する。子供を産むことすら躊躇する。ましてや二人目、三人目は躊躇するのが通常の親心です。

そういった中でまさに政治が『大丈夫ですよ』と。『ちゃんと政治があなたを応援します。あなたのお子さんを応援します』という位のメッセージが必要だと思えてなりません。

その点、手前味噌になりますが、明石でよく言われます。『明石だから二人目が産めました』『明石だからもう一人と思いました』とよく市民から言われます。ポイントは安心感です。大丈夫というメッセージです。『明石だったら何とかなる。明石だったら何とかしてくれる』と多くの市民が思っているから明石は出生率が上がって来ている。そして子供の笑顔が広がって来ました。そういった街を作ることはできる。ポイントは政治です。いわゆる自助努力、国民や子育て層に負担ばかり課すような政治ではなくて、『大丈夫ですよ』と。『あなたのお子さんはみんなのお子さん。社会のお子さん。政治が責任を持ちます』というメッセージを出せれば、恐らく日本も変わってくると私は期待をしている立場であります」

●「明石で出来ることはましてや国でも出来る」

「暑苦しい話となりました。改めて皆様にお伝え申し上げたいのは、まさに変えられるという気持ちであります。そして変えるのは誰かではなく、まさに今聞いておられる一人一人が変えていくのだということであります。

私自身は早い段階からツイッターなどをしたかったのですが、あえてしませんでした。こんなキャラクターですから、すぐに炎上するのが分かっていたので。市長になったのが二〇一一年。いろいろなことを発信したい気持ちはありましたが、ぐっと我慢して、まずは明石で成功事例を作る。そして持ちこたえるだけの数字を出すということであります。おかげ様でいろいろな批判を浴びていますが、そうは言っても明石市はまさに市民が応援団。いろいろないわれなき批判を浴びても市民が守ってくれる街に変わりました。そういった状況の中で私はツイッターを始め、『明石で出来ることは他の街でも出来る。明石で出来ることはましてや国でも出来る』と発信を始めたところであります。

（二〇二三年）四月の選挙などは本当におかげ様で、これも自慢話に聞こえたら恐縮ですが、選挙になって街頭に立ったら市民が行列を作って、演説が終わったらすぐに私に礼を言いに来ます。子育て中のお母さんはお子さんとやって来て『良かった。やっと礼が言えた。ありがとうございます。あなたも言いなさい』と言って親子連れが私に次々と礼を言います。七〇歳、八〇歳の年輩の方は前に立たれてこう言われます。『ありがとうな。明石で七十何年生きてきたけど初めて誇りを持たせてくれた。自分に明石に誇りを持たせてくれたことに礼を言う』と言って立ち去られました。そういう意味では、市民自身が明石の街を作ったという自負もあるのです。街を作り変えることができるということをある意味、私は明石市長として市民と一緒にやってきたという思いを強く持っています。少し偉そうに聞こえたら申し訳ありませんが、明石市で私はファーストペンギンになりたかったという思いであります。

少し私事も付け加えさせてもらいますが、私が子供心に悔しく思ったのは、自分のオヤジが小学校を出て漁師をせざる得ないような家庭でした。勉強がしたくても勉強ができずに小学校を出てすぐに漁師として魚を採りました。どうしてか。戦争で兄三人が亡くなったからであります。その結果、小学生だったうちのオヤジは漁に出ざるを得ず、中学校に行けずに小学校を出て漁師を続けたオヤジであります。オフクロも同じような状況で中学校を出て働き始めた。その夫婦で結婚して出来たのが私でありました。その時の夫婦の誓いはこうだったそうです。『自分達は頑張ってもなかなか自分の夢はかなわなかったけれども、せめて自分たちが頑張って自分の子が勉強したかったらせめて高校くらいは行かせてやろう』と。それが私のオヤジとオフクロの結婚の誓いだったそうであります。ただ実際上は漁師の生活が厳しく、そういった中で四つ下に弟が生まれます。その当時の兵庫県はひどくて、障害を持つ子が産まれそうになったら産み落とさずに、産まれた直後に放置をして、そのままにするというのが県の方針になっていました。今からすると信じがたいことでありますが、いわゆる優生保護法的な発想であります。我が弟は生まれ落ちた時に障害を持って生まれましたので、病院の方から『そのままにしましょう』と言われ、いったんは我が両親は止む無くサインをします。しかしお別れの最後の時に、やはりうちの両親は泣きじゃくって『障害が残ってもいいから連れて帰りたい。命だけは助けて欲しい』と言って病院に懇願をして病院の説得は出来ませんでしたが、連れて帰ると言う形で我が両親は私が待つ家に弟を連れて帰った時代であります。当時の時代は、本当に酷くて頑張って働いても報われない。障害のあるものが冷たく理不尽な目にあう。そんな社会でありました。

そういった中で冒頭もお伝えしましたが、一〇歳の時に自分自身で『自分はこの冷たい社会を変えて見せる』と。自分の一生をかけてでも、自分の全人生をかけて、この冷たい社会を困った時に助け合えるような、支え合いができるような社会に変えたいと思ったのが一〇歳の時。そこから自分なりには一生懸命努力を重ね、自分なりに頑張り、そしてようやく市長になって他の街がしなくても、たとえ国がしなくても明石市で成功事例を示したい。その一心でした。

成功事例というのは簡単に言えば、『お金はないわけではない。何とかすれば金は作れる。そして政治が変われば、街が変わる。市民が幸せになる。市民が笑顔になる。それが出来るのが政治なのだ』という。そのことを私は証明したかった。

改めて明石市長をして感じたのは、国を変えないといけないという思いであります。国はもっと沢山のお金を持っています。いろいろな工夫も出来ます。明石市民を幸せにするためには、明石市長として市長を続けただけでは明石市民をもっと幸せにすることはできない。まさに国も都道府県も市町村もつながっているのです。そして、その根幹は国の政治にあるのです」

時局講演会の第一部（前半）で泉前市長は、明石市での成功事例と国政変革への思いを総論的に語った。続く第二部（後半）では長妻政調会長とのトークとなり、最後に参加者との質疑応答となった。なお、この節の泉前市長の講演は及川健二氏の動画配信サイト「フランス10」で見ることができる。

4　〝エッフェル騒動〟直撃の岩手県知事選に泉前市長が参戦（横展開1）

泉前市長の「横展開」（他自治体での成功事例作り）を初めて取材したのが「岩手県知事選（二〇二三年九月三日投開票）」だった。事実上の与野党対決で、野党（立民・共産・国民民主・社民）が支援する五期目を目指す達増拓也知事と、自公が推す千葉絢子・前県議の一騎打ちとなっていたのだ。立民の小沢一郎衆院議員の「最後の戦い」ともいわれており、「小沢王国・岩手」の最後の砦（知事ポスト）を死守するのか否かに全国の注目が集まっていた。

二〇二一年の総選挙で小選挙区で初めて敗れて比例復活した小沢氏は、二〇二二年の参院選でも元秘書の現職・木戸口英司氏（立民）が自民党の新人・広瀬めぐみ氏に敗れた。参院岩手選挙区で自民が勝利したのは三〇年ぶりで、その勢いを買って自民党は地元テレビ局出身の元女子アナで前県議の千葉氏に出馬要請、「初の女性知事誕生」を合言葉に小沢氏最側近の達増知事五選を阻もうとしていたのだ。

知名度が高い女性候補の擁立で「激戦必至」と見られる中、危機感を抱いた達増陣営は泉前市長に支援を依頼した。そして告示日（八月一七日）前月の七月一三日、達増知事も登場した県民集会が盛岡市内で開催され、ここで泉前市長が講演をすることになった。

二〇〇七年に県知事選で初当選をした元衆院議員の達増知事と、二〇〇三年から旧民主党衆院議員を一期務めた泉前市長は国会議員時代、先輩と後輩の関係。議員会館も同じ階であったことから「達増さんには大変お世話になった」と泉前市長は当時を振り返ったが、応援に駆け付けたのはそれだけが理由ではなかった。応援演説後の囲み取材で、岩手県知事選を横展開の一つに位置づけていることについて次のように語っていたのだ。

「岩手については小沢さんも総選挙（小選挙区）で負けて、参院選も（野党系現職が敗れて）ひっくり返った状況で、ある意味、岩手は全国的に言うと、象徴的なエリアで、そこが大きく変わろうとしている。それが今回の知事選でどうなるのかが非常に大きい。そういった中で、未来に対する投資――明石の場合の医療費や保育費の無料化――を達増さんは県レベルで市町村と連携してスタートを切った。この知事選に間に合ったわけだが、それが有権者にどう反応されるのか。すぐに効果が出ない面があるが、ここは少し持ちこたえて岩手の地で新しいモデルを作って欲しい。人口三〇万人の明石市で一定程度できた自負はあるが、これを東北の地で一つの成功事例を作れるのかどうかは、これからの全国（の政治）に関わってくる。岩手からモデルを作って欲しいし、そのために自分としては全面的に応援したい。ここで達増さんが通ることは『岩手県民のため』もあるけれども、それ以上に『国のため』『国民のため』です」

泉前市長の行動原理は明瞭だ。それは、「方向性が同じ岩手県政継続のために達増知事を支援する」というものだ。明石市政の成功事例を他の自治体にも広げる横展開の一つとして位置づけていたのだ。

そして「時計の針を戻すべきではない」とも泉前市長は強調しつつ、千葉候補を支援する地元の大物政治家・鈴木俊一財務大臣（岩手二区）と中央省庁の中で特に力を有している財務省について次のように批判した。

「財務省中心の国の中央省庁は国民負担増。日本は三〇年間経済成長もせずに給料も上がらないのに、増税と保険料上乗せと物価高で三重の苦痛で国民は苦しんでいる。にもかかわらず、『増税』と言っている。そういった意味で中枢にいるその方（鈴木財務大臣）がこの県で多大な影響力を持っていて、政治を動かしている面がある。大事なのは、本気で県民の顔を見ることで、生活のリアリティだと思う。今回の岩手県知事選はそれが問われていると思っていて、ある意味、象徴的。華やかなる（元女子アナ）候補者ではない実務家肌（の達増知事）が市町村と連携し、県民の生活のしんどさに鑑みて子育て支援に一気に舵を切った達増知事と華やかな自民支援の女性候補という構図だから、そこがどう評価されるのかは今後の日本全体にとっても大きいと思う」

●〝エッフェル騒動〟勃発

「中央　対　地方」という岩手県知事選の対立軸が浮き彫りになっていく。それは、「財務大臣支援の華やかな新人候補　対　県民目線の実務家肌の現職知事」が激突する構図だ。そんな対照的な二候補の大激戦になることが確実視される中、県知事選の潮目が変わる〝事件〟が起きた。千葉候補を支援していた広瀬参院議員も参加した七月末のフランス視察が報じられたのだ。「これが自公推薦候補への逆風になった」と岩手県政ウォッチャーは次のように振り返った。

「参院選に続いて県知事選でも女性候補勝利を狙う自民党は、六月には党女性局と千葉選対女性部とが合同集会を開くなど『女性候補』を前面に出す選挙戦を展開していました。実際、小沢元秘書の現職を破った広瀬氏と小沢系知事の刺客となった千葉氏とが一緒に活動し、広瀬氏が応援演説する姿や千葉氏とのツーショット写真がネット発信されてもいました。ところが、七月末に例のエッフェル塔写真が広まって以降、二人三脚が頓挫してしまった。広瀬氏はSNSでの更新（発信）を八月二日に停止、勝利の女神になるはずの広瀬氏が一転して足を引っ張るマイナス要因となってしまったのです」

告示二日前の二〇二三年八月一五日、日刊ゲンダイは「自民党〝エッフェル騒動〟が岩手県知事選を直撃！　渦中の広瀬めぐみ議員がSNSストップし雲隠れ」と銘打って、広瀬氏について「（フランス視察で）SNSにピースサインしている写真や飲食の写真とともに観光旅行記さながらの投稿をして、大ヒンシュクを買った問題議員」と紹介した後、「地元では『広瀬さんを街頭に立たせず、徹底的に隠す』という噂も流れているという」と報じてもいた。

この〝雲隠れ（ステルス）作戦〟が実行されているのか否か。二日後の告示日の八月一七日、盛岡市内で千葉氏の第一声を聞きにいくと、応援演説をした鈴木大臣のすぐ隣に広瀬氏が立っていた。最後に千葉氏らと並んで拳を振り上げてもいた。徹底的に隠しているわけではなかったのだ。

そこで終了後に広瀬氏を直撃、「表に出るとマイナスになるという指摘もあるが」「フランス視察批判が出ている」と声をかけると、「コメントできない」「（選対）会議があるので」と言うだけで質問に答えない。「フランスに行くよりも（泉房穂）明石前市長に話を聞いた方が早いのではないか。明石に行ったのか」とも聞いたが、無言のまま立ち去った。

実は、その二週間ほど前の七月三〇日に泉前市長は、〝エッフェル騒動〟で名指しされた視察参加議員に対して期待を込めた発信をしていた。「自民党女性局のフランス研修が少子化対策に繋がるのでしょうか」との質問に旧ツイッター（X）でこう答えていたのだ。「私は繋がると信じています。研修に参加された自民党女性局の国会議員の皆さん、フランス研修の成果をしっかりとお示しいただくよう、よろしくお願いします。期待しています」

そして期待する理由についても、泉前市長は二〇二三年八月九日のアエラドットのインタビュー記事で次のように説明していた。

「フランスは九〇年代前半は出生率が低かった。ですが、政策として子どもと子育てに関する公的支出を増やし（GDPの三・六％、日本はその約半分の一・七九％）、出生率が上がりました。日本は、抜本的な改革が必要なんです。議員さんたちはそれを変えることができるお立場なのですから、本気であれば行動で示すでしょう」

チャンス到来とはこのことだ。フランス視察参加議員への批判が噴出する中、子育て政策で成果を上げていた泉前市長が助け舟となるエールを発信した。これを受けて広瀬氏が岩手県知事選の応援演説で「フランス視察は観光ではなく研修」「千葉知事誕生ならフランス仕込みの少子化対策が具体化する」などと訴えれば、逆風を追い風に変えることができたはずだ。しかし告示日に広瀬氏がマイクを握ることはなく、私が直撃しても具体的な子育て政策を語ることもなかった。

反転攻勢の機会を活かそうとしなかったのは千葉氏も同じだった。同日夜の個人演説会を終えた千葉氏にも同主旨の質問をすると、「私が聞いたところでは大船渡魚市場で鈴木大臣と一緒に演説をやった時に広瀬議員はフランスの少子化対策の研修の話をした」と淡々と答えるだけ。そこで「フランス視察で広瀬議員が聞いてきた話で、県政にすぐに活かせそうな施策は特にはなかったのか」とも聞いたが、「今のところはないのではないのでしょうか」「他県、他国でやっている施策を岩手にすぐというのは少し性急すぎるかなと思う」という否定的な回答しか返ってこなかった。

正直驚いた。「広瀬氏から聞いたフランス仕込みの少子化対策を公約に盛り込んだ」といった肯定的な回答が返ってくるだろうと予想していたからだ。先の岩手県政ウォッチャーが指摘する通り、これまで千葉氏と広瀬氏は「女性参院議員当選の次は女性知事誕生」をキャッチフレーズに二人三脚で選挙戦を展開していた。〝エッフェル塔騒動〟が起きて「フランス観光旅行」と批判されても、千葉氏が「広瀬議員はフランスで先進的子育て政策を仕入れてきた。岩手県政で取り入れたい」などと反論すれば、ピンチをチャンスに変えることができたはずだが、千葉氏は具体的な政策提言をすることはなかった。急に広瀬氏と距離を置き始めたとしか見えなかったのだ。

最後に「広瀬議員が一緒に街宣をしたらマイナス効果にならないか」という質問を千葉氏にもぶつけたが、「メディアがそう書くからそうなるのだと思う」と報道批判を滲ませたような回答。私の質問の意図が不明とも言ってきたので、「『表に出ない方がいいのではないか』と日刊ゲンダイの記事に出ている」と補足説明をしたところ、千葉氏は逆切れにこう言い放った。

「日刊ゲンダイがそれだけ権威があるのか。私はそうは思わないので、その手の質問には答えない」

〝エッフェル騒動〟を機に少子化対策が岩手県知事選の一大争点に急浮上とするという私の見立ては外れてしまった。視察議員に向けた泉前市長の期待に応える形で、広瀬氏がフランスの子育て政策を街頭演説で紹介、千葉氏が「フランス仕込みの子育て政策を公約に盛り込んだ」などと連携して訴える場面を目にすることとはなかったからだ。

●「中央とのパイプの重要性」を一刀両断にした泉房穂・前明石市長の応援演説

岩手県知事選が告示されてから一二日後の二〇二三年八月二九日、泉前市長は再び達増知事の応援に駆け付けた。まず盛岡市内で「シン・地方自治」と題して講演した後、矢巾町と紫波町に移動、達増知事と並んで街頭演説を行ったのだ。

そして前段の〝盛岡講演〟で泉前市長は、選挙参謀を兼ねた応援弁士役を果たしていた。政権与党が県知事選や国政選挙で繰り返す常套句は「国とのパイプが大切」「自公支援候補は中央とのパイプが太い」で、今回の岩手県知事選でも繰り返されていたが、泉前市長はこの〝殺し文句〟を打ち砕く経験談を質疑応答の時に語っていたからだ。

「俗にいう『国とのパイプ』とか、『国と喧嘩したら何かお仕置きがある』という話があるが、結論から言うと、明石市は滅茶苦茶国の予算を取れている。なぜかというと、ちゃんとやっているからです。国の官僚はある意味ちゃんとしていて、ちゃんとした政策にはちゃんとした予算をつけるものです。達増知事も元官僚。そういう意味では岩手県は達増知事によって、国の本来のメニューはちゃんと取れていると私は思いますし、明石に関しても、こんな濃いキャラでこんなに喧嘩をしまくっているが、明石市は人口増、税収増、おまけに国からのお金も一杯来ているから、それ（国とのパイプ）は関係ないとホンマに思っている。それはたぶん、都市伝説のようなものと違うかな。『（国に）頭を下げたらお駄賃（予算）をもらえる』というような時代ではないと思う。未来に対してちゃんと責任が持てるような政治をするのかどうかが問われていると私は思っていますし、まさに、その姿を岩手から広めて欲しいと願っている立場です」

ここでも「中央　対　地方」の構図が鮮明になる。泉前市長は三期一二年の成功体験を元に「中央とのパイプを重んじる〝追随（迎合）路線〟を突き進まなくても、住民目線できちんとした政策立案すれば予算はつく」と強調、「達増知事でも大丈夫」と太鼓判を押していたのだ。

講演を終えた後、泉前市長は別行動していた達増知事と合流、盛岡市に隣接する矢巾町で街宣車前でマイクを握った後、隣の紫波町に移動。ここでも達増知事と並んで熱弁を振るい、囲み取材にも応じた。地元記者との質疑応答が一段落したところで私は、盛岡講演で出た「中央とのパイプの太さ」について改めて聞くと、泉前市長は次のように答えた。

「国とのパイプなんて切るようなパイプばかりやん。（記者団から笑い）パイプだって、向こう（国）が押し付けてくる。いらん、そのパイプ。市役所でやっていると、国から訳の分からない仕事を押し付けられる。訳の分からない計画を作れとか。見もしない報告書を作れとか。その結果、市役所は忙殺をされている。今回のマイナカードもそうやで、国が偉そうなことを言うが、誰が仕事をするのかといったら自治体の現場やんか。急に思いつきでやられたって現場が混乱するだけやないか。そういう意味で国が地方を助けているどころか、地方への嫌がらせを続けている状態だから、国なんか仕事をしない方がいいくらいで、市長をやっていてホンマに思った。国から助けられたことはほとんどないで」

ここで記者団から笑いが起きると、泉前市長はさらに勢いづいて「国のあるべき形（中央集権から市民中心の地方自治への転換）」についても語り始めた。

「本当の話やで。みんな思い込んでいる。『国が上で、次に都道府県があって、次が市町村』だと。国・都道府県・市町村の順番で行ったら、一番下に市民が来てしまう。逆や。ど真ん中が市民、国民や。ど真ん中に市民、国民がおって、そのすぐ横に市町村とか都道府県がある。国なんか遠いところにいて、市民、県民の顔を見ることができないところにいて、いちいち決めてくるなと。国も発想の転換がいるのではないか。国がすべてのことを決めて（地方自治体が）黙って従えではなくて、地方特性を活かして、地方の頑張りを国が応援すると。これが国政における大きな方針転換ではないか」

泉前市長の囲み取材は十分以上にも及んだが、地方自治体のあるべき姿を語る〝伝道師役〟をしていたともいえる。「国が押し付けてくる必要性の乏しい仕事を拒否、住民（市民）にプラスになる施策を立案して国に応援させせよう」と呼びかけていたからだ。抽象的な言い方をすれば、「中央集権から住民主体の地方主権への転換」となるのだろうが、泉前市長は自らの経験を元に具体的イメージが思い浮かぶ話をしていたのだ。

明石市政の横展開は、地方自治体の業務効率向上（住民の満足度アップ）という効果をもたらす。これまで地方公務員が忙殺されていた国の無駄な仕事をせずに、住民サービス向上につながる〝本業〟に集中できることになるからだ。

そんなバラ色の近未来図を指し示す役割も買って出ていた泉前市長は翌八月三〇日、県南に移動。奥州市と一関市の四カ所で街宣した後、個人演説会も三カ所はしごをするタイトな日程（二泊三日）をこなした後、岩手県を後にしたのだ。

泉前市長は囲み取材の最後にこう強調していた。「岩手県知事選がどうなるのかは、国政にも影響が大きいし、他の都道府県選挙や他の市町村選挙にも影響すると思う。どっちを向いて政治をするのか。国とのパイプを選ぶのか、市民・県民を見た政治家が選ばれるのか。この二択です。市民・県民の生活を見る政治家が選ばれていかないと、日本は本気で良くならないと思っています」。

事実上の与野党対決となった岩手県知事選は二〇二三年九月三日に投開票されたが、泉前市長が応援した達増知事が五度目の当選を果たした。兵庫県三田市長選を皮切りに始まった支援候補の連戦連勝は一つ記録を伸ばすことになったのだ。

5　泉前市長支援の小野塚勝俊・元衆院議員が当選した所沢市長選（横展開2）

岩手県知事選に続く横展開は、「埼玉県所沢市長選」（二〇二三年一〇月二二日投開票）。この市長選でも泉前市長の支援した小野塚勝俊・元衆院議員が自公推薦の現職・藤本正人市長を破って初当選をしたが、熱の入れようは岩手県知事選以上だった。

九月一三日の出馬会見に同席したことを皮切りに、選挙戦最終日を含めて何度も所沢入りをしてマイクを握り、投開票日も選挙事務所で投開票を見守った。ちなみに最終日には、自公推薦の現職候補の応援に河野太郎・デジタル担当大臣が駆け付けたが、参院徳島高知補選と同様、ここでも〝応援演説対決〟を制したのだ。

●びっくりする位、子供に冷たい現職市長

兵庫県三田市、岩手県知事選、そして立川市長選で支援候補が三連勝した泉前市長がなぜ、次に所

沢市長選を選んだのか。小野塚氏の出馬会見で泉前市長は、予定候補の人柄と所沢の魅力に加えて、現職の藤本市長との因縁の対決という要素があることも語った。

「（人口が同規模の明石市は中核市になっているのに）所沢は三四万もいて、まだ中核市にすらなっていない。（小野塚市長誕生なら）今後、一気によくなる。今の現職（藤本市長）は、私が二〇一一年に市長になって、市長会に来られました。ずっとドンパチやり続けました。ほんまにやる気のない人だった。びっくりする位、やる気がないのと、びっくりする位、子供に冷たくて、私は（市長就任）当初から『子供』と言っていたのです。（それに対して藤本市長は）市長会で反対ばかりする。『子供なんかにお金を使う必要はない』と言う。『こんな市長、誰やねん』と思っていたのが、今の市長です」

ただし泉前市長から応援を申し出たわけではなかった。それまで面識がなかった小野塚氏が「明石市ほど成功している自治体はない」と思って、二〇二三年六月に泉前市長に教えを乞うたのが発端だった。そして二人は意見交換や所沢視察（案内）を経て意気投合し、「明石に追いつき追い越す」ことを公約に掲げた小野塚氏を泉前市長が全力で支援することになったというのだ。

こうして急接近をした両者は二〇二三年九月一三日、ツーショットポスターを作成した上で出馬会見にそろって臨み、同日に所沢駅前で並んで街宣もすることになったのだ。

ここでも泉前市長の力強い話しぶりに変わりはなかった。出馬会見で語った藤本市長（当時）との因縁などについて、次のように訴えたのだ。

「市長会でずっと激論をしていました。大きく二つ、意見の相違があった。一つ目は子供に対する施策です。私は最初から『子供を本気で応援したら街のみんなが幸せになるのだから一緒になって、市長会をあげて応援しましょう』と訴えていた。反対したのは、この街の市長さん。びっくりしましたよ。『子供なんかエアコンはいらない』と訴えたのがこの街の市長」「市長会で『みんなで頑張って中核市になろう』と言った。それに対して『そんな無理をしなくてもいい』と真っ向から反対したのがこの街の市長。こんなヤル気のない人が市長なのかとびっくりしましたよ」

二週間後の九月二七日にも所沢入りしてマイクを握った泉前市長は、一〇月一五日の告示日から最終日までの選挙期間中に現地入りすることも宣言。それほど力を入れる理由について街宣後の囲み取材でも説明していた。

「所沢市長選で完全無所属で市長を取ると大きいと思う。取ったら一気に政策が変わるから。少なくとも次年度予算から政策が変わるし、中核市（移行）は絶対に表明するから。ここは早稲田大学の所沢キャンパスもあるし、（出版社の）角川もいるし、西武もいるし、こんなにいろいろな社会資源がそろっていて、活かせていない。二〇分で池袋に行ける利便性も高い。明石は大阪まで四〇分かかるし、有名企業はない」「街の可能性もあるし、私としては明石以外で明石以上のことをしてこそ意味があって、いつまでも『明石の真似をして』と言っているのではダメで次の段階に行かないと」「所沢が変わると、周りが所沢の真似をするようになるからドンドン街が変わっていく。私みたいなキワモノだと、『キワモノだから（明石のようなことができた）』と言われるけれども、小野塚氏だったら『ちゃんとした人でも（明石と同じことが）できるのや』と言われる。

私はキャラが濃すぎるから政策はちゃんとしているのに政策もキワモノに見られるが、（明石市は）グローバルスタンダードや。非常にまともな政策をやっているが、私がやっているから『明石の政策は何か変わったことをやっている』と言われる。小野塚さんがやったら『ちゃんとした人がちゃんとした政策をやっている』となるから、絶対にいい」

ここで私が「(明石市政を他の自治体に広げる)『横展開』に加速がつくということか」と確認すると、泉前市長は相槌を打って、こう続けた。

「そうそう。まさに小野塚勝俊という人の可能性、所沢という街の可能性のダブルだから、可能性の宝庫だから、ここに賭けて、ここを全面的に応援して、当選だけではなくて、その後の所沢が変わっていく姿も共に見ていきたいと思っている。それを周りの街も見てくれれば、まさに横展開が一気に加速する」「所沢市と周辺自治体が劇的に変わる要素がある。劇的に加速していく意味は大きい」。

市長選告示日の一〇月一五日にもマイクを握った泉前市長は、選挙戦中盤と最終盤にも所沢入りをしてパワフルな応援演説を繰り返した。聴衆の反応は上々で演説中に何度も拍手が沸き起こり、終了後も泉前市長との記念撮影を希望する人たちが列を作った。参院補選の時と瓜二つの光景を、所沢駅前でも何度も目の当たりにすることになったのだ。

市長選最終日の一〇月二一日は、自公推薦の現職市長の応援に駆け付けた河野大臣と入れ替わるようにして泉前市長は所沢駅前に現れた。そしてマイクが使えなくなる二〇時直前まで小野塚氏と並んで応援演説を続けた。

「争点はどっちを向いて政治をするのか。彼は市民の方を向いて政治をする。間違いない。私が彼を応援する条件、『完全無所属でやる』と言った。ちゃんと守って来た。えらい奴や。こいつはやる。本気や。有言実行や。中核市移行を表明する。来年(二〇二四年)の三月の予算案もやる。みんなの前で約束するから大丈夫や」

こう支持を呼びかけた泉前市長からマイクを手渡された小野塚氏は、最後の街宣をこう締め括った。

「皆さん、本気で変えていきます。私を市長にして下さい。所沢を変えていきます。本気です」

●所沢の夜明けは日本の夜明けだ！

マイク収めをした後も泉前市長は元気一杯。「明石に戻って仕事を片付けた後、明日（投開票日）の夜、所沢に戻ってくる」と言って陣営スタッフと別れを告げたかと思うと、駅の改札口に向かって全速力で階段を駆け上がっていった。東京発の最終新幹線に間に合う西武池袋線の特急列車の発車時間が迫っていたためで、すぐに後を追いかけて駅のホームでぶら下がり取材を続け、泉前市長が特急に乗り込む寸前、「所沢の夜明けは近いということですか」と聞くと、「そうそう。所沢の夜明けは日本の夜明けだ！」と即答した。

翌一〇月二二日、予告通り泉前市長は所沢市内の選挙事務所にやってきた。そして当確が出た直後、小野塚氏と握手を交わした。続いて「それでは指一本で」という呼びかけと共に、集まった支援者と一緒に「所沢を変える時が本当に来た！」というコールを三回繰り返した。万歳の代わりに考え出された勝利の雄叫びだったが、事務所内が高揚感に包まれる中、小野塚氏が支援者への感謝を込めた挨拶をした。

「今回の当選は、本当に皆様方のお力のお蔭なのですが、この一二年間の今の市政が続いて来た中で本当に市民の皆様方が苦しんでいらっしゃって、悲鳴のような声が沢山あった。その悲鳴を、その声を私に今回託していただいたということだと思います。なので、本当にこの当選は、この悲鳴を無くしていく。悲しみを無くして笑顔にしていくスタートでしかないと思います」「是非、これからも皆さんにお力をいただきながら所沢を変えて行きたいと思いますので、引き続き、どうぞよろしくお願いします。本当にどうもありがとうございます」。

再び支援者から大きな拍手が沸き起こったが、すぐに記者たちが小野塚氏を取り囲んで当確後の初会見が始まった。まず小野塚氏が口にしたのは、選挙中に訴えた具体的政策のことだった。

「約束したことをやっていく。来年（二〇二四年）の三月議会で一八歳までの医療費の完全無償化。小中学校の給食費の無料化を約束しているので、今から五カ月後の三月議会に予算として提出する準備をしないといけないし、それ以外にも沢山のことを約束しているので随時進めていく」「就任日、来週一〇月三〇日に中核市移行を表明し、プロジェクトチームを立ち上げることをやります」。

隣にいた泉前市長も記者団の取材に応じ、いつものマシンガントークが始まった。

「所沢の夜明けが来ました。本当におめでとうございます。シンプルに所沢の一二年間はもったいなかった。市長を一二年もやったら出来ることは一杯ありますよ。現職はその一二年間を今回、問われたと思います。小野塚さんは逆に矢継早に市民のためにやれることはベストを尽くすと。本当にこれから新しい所沢が始まると思って期待しています。私の願いは、所沢は明石以上の街を作って、全国から所沢がみんなから憧れるような街を作ってくれること。明石の真似なんかせんでいい。すぐ追い抜いてもらったらいいですわ」。

「(小野塚さんに) 無茶苦茶、期待している。ある意味、演説でも言いましたが、私自身もいろいろな人から選挙の応援を、それこそ二〇人くらいの市長立候補をしたい人から話があったけれどもみんな断って、私は小野塚君という人の可能性と所沢の街の可能性、この二つの可能性に自分は賭けたのです。自分の選挙としてやったと。

当選なんかはスタートなんや。通るに決まっている、ある意味。もっと差がつくと思ったら意外に差をつけられなかった (支援者から笑い)。ただ投票率が上がったとしても四割もいかない状況だから。投票率が七割、八割の選挙だったら、ビックリする位の差がついていますよ。そこはまだまだ過渡期ですが、そうは言っても今回七%近く投票率が上がって、(前回は投票場に行かなかった) そういう方が『やっぱりこれまでの所沢ではなくて、もっと所沢の可能性を』という思いがあったと思いますから。

私が言ったのは『本気で市民と一緒に選挙をやったら市民はちゃんと応えてくれる』ということ。彼自身も演説で言っていたが、選挙やっていたらみんな不安になる。大きな政党や団体が寄ってきて、みんなそっち側に寄ってしまうから、当選した後も市民の方を向いた政治が出来ない。小野塚氏は徹頭徹尾市民の方を向いて、市民のための市長であることを覚悟を決めて、最後までやり通した。そのことを市民は見ていて、多くの市民が輪を広げていただいて当選に至ったと思うので、私は所沢市民の勝利だと思いますよ。

ビラに書いた子供の医療費や給食費 (の無料化) を含めて来年 (二〇二四年) 三月に出すということを明言して、ちゃんと有言実行。市民との約束を守るという形をして欲しい。

それを市民が支え続けなければいけない。市長を一二年間やってきたが、得も知れぬ世界ですから。市役所という組織も悪意はないが、慣習に染まってしまっているし、市議会も悪意はなくても面子もあるし、得も知れぬ世界ですから。そのあたりの中で市民が応援を続けないと、市民のための政策は実現しないので、まさに今日がスタートで、当選はゴールではない。当選はスタートであって、これから所沢市民がまさにこれからの所沢を作り変えていくと思う。

しつこいけれども所沢は無茶苦茶いい街や。私は何度も来ているから自分が市長をしたい位ですよ、ホンマ。（支援者から笑いと拍手）こんな一杯可能性があったらどれほどいい街を作れるのか、ホンマ。四年間、（小野塚市長が）仕事をしなかったら俺も出るで、ホンマ（笑い）」

八日後の二〇二三年一〇月三〇日、小野塚市長が初登庁、市役所内での就任会見で育休退園廃止を表明した。「強制的な育休退園は廃止！」というパネルを掲げて、こう宣言した。「『市長が変われば生活が変わる』と申し上げていた通り、まず所沢の子育て世代の方々に対して、強制的な育休退園制度を廃止することを表明させていただきたいと思います」。

質疑応答で私が「泉前市長が明石市で行った歳出改革を所沢市でも進めるのか」と聞くと、次のような回答が小野塚市長から返って来た。

「市長の大きな権限の一つが予算執行権ですから、もちろん議論をした上で、どれが優先度が低いのかを判断した上で、何も分からずにハンコを押さないつもりはありませんが、優先度が低いと私が判断したら、それを止めて子育て政策、一八歳までの医療費無料化、小中学校の給食の無料化、高齢者や障害を持った方への助成を先に行うことになります」

こうして「明石に追いついて追い越す」と訴えた小野塚・新市長の所沢市政がスタートすることになったのだ。

第2章　権力迎合の橋下徹・元大阪市長創設の維新は第二自民党

万博会場予定地を視察する維新国会議員団。

1　政権交代の阻害政党と化した維新――泉房穂前市長が「国民の敵」と批判

日本維新の会が党大会を開いた二〇二四年三月二四日、泉前市長は「悩める維新、次期衆院選の目標を方針転換　『自公連立入り』も選択肢」という見出しの同日の朝日新聞のネット記事（新聞記事は三月二五日の朝刊）を引用、次のような維新批判の発信をした。

「国民の多くは、今の政治を変えてほしいと願っており、今は政権交代のチャンスだ。にもかかわらず、自民党に擦り寄るとはビックリだ。自民党以上に今の維新は国民の敵のような状況になりつつある。心ある維新の関係者よ、国民目線で声を上げるべきときだ！」

泉前市長が日本維新の会を「国民の敵」と厳しく批判したのは、政権交代の絶好のチャンスを潰してしまうと考えたためだ。先の朝日新聞の記事には「馬場氏は、自民との連立について『（状況によっては）考えざるを得ない』と選択肢の一つであることを認める。自民からは『自公で過半数がギリギリなら、維新が入って政権を維持すればいい』（参院幹部）との声も出ているからだ」というコメントが紹介されており、自公維政権の枠組みで政権交代を回避しようとする方策が語られていたのだ。

「第二自民党」（馬場代表）と公言していた日本維新の会に対して、泉前市長が批判的な発信するようになったのは二〇二三年秋。ちょうど参院徳島高知補選で岸田首相との〝応援演説対決〟を制した後のことで、全国的注目を再び集め始めた大阪・関西万博問題がきっかけだった。

●看板倒れの身を切る改革

当時、一二五〇億円から一八五〇億円に上振れしていた会場建設費が再び二三五〇億円へと五〇〇億円も増加することが判明。しかし万博協会副会長でもある吉村洋文・大阪府知事（維新共同代表）と横山英幸・大阪市長は二度目の上振れの妥当性について精査をしたものの、二〇二三年一一月一日に容認することを表明したのだ。

これに泉前市長は異議申立をした。「さらなる国民負担は回避すべき」という明石市長時代から貫いてきた信念から、吉村知事に対して次のような政治決断を求めたのだ。

「思い切って、『万博』を中止するか、縮小開催の決断をしたらいかがか。『万博』こそ〝無駄な利権政治の象徴〟と思っている国民は少なくない」（二〇二三年一〇月三〇日のX＝旧ツイッターより）

この発信を受けて私は、二〇二三年一一月二日の横山市長会見と一一月九日の吉村知事会見で泉前市長の発信内容を紹介した上で、中止か縮小万博を決断しないのかを聞いてみた。なお二人とも万博協会副会長であり、縮小万博を政治決断ができる役職に就いていたのだが、否定的な回答しか返ってこなかった。

大阪維新の会幹事長でもある横山市長は一一月二日の会見で、私の質問に対して「『万博は中止するべきだ』とか『縮小すべきだ』という声もあると思う。僕たちはやはり万博をもう一度しっかり趣旨を訴えていきたいと思っている」と答えた。国民負担を回避する中止や縮小万博ではなく、二度目の上振れを認めてもらうために、さらなる万博の趣旨説明が必要という考えを明らかにしたのだ。

吉村知事にも一一月九日の会見で「泉房穂・前明石市長は『なぜ万博協会副会長でもある吉村知事が縮小万博を政治決断をしなかったのか』という発信をしているが、その理由を聞かせて欲しい」と聞いたが、横山市長と同じような答えしか返って来なかった。

「コストのことはしっかり見ていく必要があると思う。ただ僕は『万博は必要だ』と思っているので、『素晴らしい万博を実現したい』という思いを含めて誘致段階からやっているというのが今の僕の立場です」「万博がそもそも反対、やる意味がないと思われる方ももちろんいる中で、意見の違いだと思う」。

説得力に乏しい回答だったので「さらなる国民負担を避けるために縮小万博を考えなかったのか。上振れ分はやりくりをして今までの額に収める考えはなかったのか」という再質問をしたが、二度目の上振れを認める吉村知事の姿勢に変わりはなかった。

「今回の増額については、この三年で資材も一・三倍に高騰している中で、計画の変更というよりはどうしても物価、資材の高騰。人件費の高騰。人件費の高騰が職人さんの給与になるわけだが、それが上がっているのであれば、やはり、その分の増額分は必要だと判断をした」（吉村知事）

具体性に欠く回答しか返って来ないので、泉前市長が「世界最大級の無駄ではないか」と指摘した三五〇億円の大屋根（リング）について「別に全部完成させなくても、半分ぐらい商店街のアーケード方式にしてコストダウンができるのではないか。材質を変えたりデザインを簡略化したり、（大屋根導入による）一度目の上振れで三五〇億円アップしたわけだから元に戻す努力はやっていないのか」

万博の目玉である大屋根リングを視察する維新の馬場伸幸代表。

「上振れした分をやりくりで穴埋めできないのか」 とも聞いてみた。

これに対して吉村知事は「どういう工法、意味は知っているのか」と逆質問してきたので、「世界最大級の木造建造物である必要性は本当にあるのか。自見（英子・万博担当）大臣も『夏の熱中症対策、日よけだ』と言っているわけではないか。日よけだったら、あんな凝った建物にしなくてもいいではないか」と質問の主旨を補足説明したが、吉村知事は次のような必要論を延々と訴えていくだけだった。

「雨よけとか日よけだけと言ったのではないと思う。何でやるのかを考えた時に要は、あれは『貫《ぬき》工法』といって、国宝の清水寺の舞台にも採用されている日本伝統のいわゆる建築技術を使っている。地震に強い。釘を使わずに安全で木造の強い建造構造物を建てる。日本の伝統建築技術であって、その建築技術の魅力というのを世界に発信していく」「なぜリングになっているのかというと、万博は（参加表明国が）一五〇カ国、いろいろな価値観があって多様性があるのだが、『一つの輪になってつながるのだ』という大きなメッセージを込めた万博の主旨・理念に根差したものだ。なので、単に雨よけとか日よけとか半分商店街のアーケードでいいという理念で作られているものではない」。

万博会場は「ゴミの島」とも呼ばれる大阪湾の人工島「夢洲」。廃棄物や堆積物で埋立てられたため、軟弱地盤で現在も地盤沈下中。地下鉄が建設中で現時点では橋とトンネルしか交通アクセス手段がないことも工期遅れの一因にもなっているが、パビリオン建設が遅れに遅れている中で、木材を格子状に組み上げる大屋根リングの工事がいち早く進んでいたのだった。

ただ完成しているのは一部分（二〇二三年一〇月の時点で約三割。二〇二四年二月で約五割）にすぎず、未完成部分を商店街のアーケードのように簡略化する設計・材料変更も可能であった。吉村知事は「清水寺のような伝統建築技術」と強調したが、一部の完成部分に説明用パネルを付ければ十分だろう。また「多様性」の象徴として一つの輪につながる重要性も訴えていたが、木材とプラスチック素材のつぎはぎで輪を形成しても意義のアピールは可能なはずだ。

こうした抜本的削減策を思い浮かべながら、「三五〇億円の大屋根リングはコストダウンの精査の対象にしなかったのか」とも聞いたが、吉村知事は現行設計にこだわり、横山市長と同様、これまで以上の説明に尽くすという考えを示した。

「『（大屋根を）半分ぐらい止めてしまう』とかになれば抜本的に変わるかも知れないが、『なぜ、このリングをするのか』という意味が理解されないとそういうふうになると思う。『理解される努力も僕たちはやっていかないといけないな』というふうには思っている」

たしかに「理解される努力」（吉村知事）が必要なことは、世論調査の数字が物語っていた。二〇二三年一一月五日の共同通信の調査では、万博は「必要」が二八・三％に対して「不要」が六八・六％。一〇月一五日の毎日新聞の世論調査でも「縮小万博（規模縮小で費用を削減）」が四二％で、万博中止も三五％であるのに対して、吉村知事が主張する現状開催は一五％に止まった。ＮＨＫの世論調査（一一月一四日）でも、建設費増に「納得できない」は七七％で、「納得できる」は一五％に止まった。どの世論調査も、縮小万博や中止を求める泉前市長に軍配を上げていたのだ。

もちろん吉村知事や横山市長が強調する「万博の趣旨や意義」への国民の理解不足が解消、五〇〇億円の上振れ容認が過半数を上回るようになれば、話は別だ。そこで吉村知事に対して「いま仰った説明を国民に一カ月から二カ月行った上で改めて世論調査をして、それでも反対が多ければ、縮小万博に方針変更する考えでいいのか。それとも、何があっても今のままで進める考えなのか」とさらなる再質問をしたが、縮小万博決断を否定する従来と同じ回答で事足りた。

「コストは厳格に管理しながら素晴らしい万博をやって、次の世代にバトンタッチをしていけるような未来社会を作っていきたいと思っている」（吉村知事）。

「身を切る改革」が日本維新の会の謳い文句だが、上振れ分を国民にツケ回すのでは「国民に身を切らせるバラマキ政党（第二自民党）」と批判されかねない。しかも万博と強引に関係づけた阪神オリックスの優勝パレードでは、クラウドファンディングで目標額の五億円を集めようとしていた。そこで「（万博上振れ分を穴埋めするための）クラウドファンディングの検討はしなかったのか」とも聞いてみた。この質問の主旨についても「（万博の）意義を感じる人だけでお金を出してやればいいではないか。吉村知事が『ボーナスを返上して給与三割カットをして、その分を寄付』と呼び掛ければ、クラファンで五〇〇億円ぐらい集まるのではないか。そういう呼びかけすら、しようとしないのか」と補足説明をしたが、以下のように吉村知事は反論した。

「なんで、そこだけクラファンをするのか。『(万博は)基本的に必要がない』というスタンスに立っているから、そういうふうに言うわけでしょう。でも我々は必要があると思っている。『身を切る改革』は当然、行財政改革は当たり前のようにやっている」

維新政治の化けの皮がはがれた思いがした。「身を切る改革」は見せかけにすぎず、実際は最高権力者に擦り寄って税金を地元に利益誘導する「〝寄生虫(タックスイーター)政党〟」と呼ぶのがぴったりに違いない。

●「大阪万博は『松井さんが安倍さんにお酒を注ぎ倒して実現した』」

そんな日本維新の会の正体を浮彫りにすることにも泉前市長は貢献。「安倍元首相のおちょこ事件」について以下のような発信をしていたのだ。

「大阪万博は『松井さんが安倍さんにお酒を注ぎ倒して実現した』との見出しのニュース。『万博が実現したのは松井さんの政治力。安倍さんのおちょこに、お酒を注ぎ倒して実現した』と橋下徹氏は回顧し、吉村氏も『おちょこ事件』と表現している。お酒の場というのが何とも……」(二〇二三年一一月一二日のX)

ここで名指しされた松井一郎・元大阪府知事は同日、ネット上で次のように反論した。

「泉さん、万博批判で政治的注目アップは御自由にですが、僕がいつ酒席で誘致自慢したの？　貴方と会った事もありません。万博が税金の無駄は貴方の価値観、僕にすれば貴方の一億弱の退職金が税金の無駄です」

しかし両者の応酬は、すぐに決着がついた。泉前市長が「『貴方と会った事もありません』とのことですが、障害者関連イベントの来賓控室で名刺交換もして、お話もさせていただきましたが、本当に覚えておられないのでしょうか？　それから退職金は一億円の半分より、もっと少ない額ですし、万博とは無関係です」と指摘すると、松井氏は泉前市長と会ったことを思い出し、間違いを認めたのだ。

しかも「酒席で誘致自慢した」のも紛れもない事実だった。二〇一五年末の安倍首相（当時）と菅官房長官（当時）と橋下徹氏と松井一郎氏の四者忘年会で万博が具体化したことを、松井氏自身が自著『政治家の喧嘩力』の中で、次のように書き綴っていたからだ。

「（安倍）総理にお酒を注ぎながら、一生懸命、持論を展開した。ちなみに菅官房長官はお酒を飲まれない。『超高齢社会をいかに乗り切るか』という問題はこれから世界中で深刻化するだろうが、日本は世界に先駆けてこの難題に直面している。（中略）日本の総合力で超高齢化社会の問題を解決するモノや技術、サービスを生み出して世界に貢献すべきだ。そして、日本にはその力のあることを万博というイベントを通じて世界にアピールしたい。そう、安倍総理に申し上げた。

すると安倍総理は『それは挑戦しがいのある課題だよね』とおっしゃって、隣の菅官房長官に、声をかけられた。『菅ちゃん、ちょっとまとめてよ』

この一言で大阪万博が動き出した。すぐに菅官房長官は経産省に大阪府に協力するよう指示してくださった」

まさに「おちょこ事件」として知れ渡った「酒席での誘致自慢」を松井氏は自著で紹介していたのに、泉前市長に指摘された途端、忘れてしまったことになる。不都合な真実に対しては忘却癖があるようなのだ。

ちなみに両者がネット上で激突した二〇二三年一一月一二日は、京都市長選の前哨戦と報じられた八幡市長選の投開票日だった。維新公認候補が敗れたことについて一一月一四日の読売新聞は「維新頭打ち、本拠地・大阪周辺の首長選で相次ぎ落選…万博建設費用増額でイメージダウン要因か」と銘打って、次のように報じた。

「日本維新の会が、党勢の頭打ちに直面している。一二日投開票の京都府八幡市長選で公認候補が敗れるなど、本拠地・大阪の近隣で苦戦が続いているためだ。二〇二五年大阪・関西万博の会場建設費の増額問題が影響しているとの見方もあり、党内では、今後の選挙を懸念する声が出ている」

八幡市長選では吉村知事と藤田幹事長が現地入りをするなど〝全力投球〟をしたが、自民・公明・立民が推薦した新人候補に敗北。二〇二三年四月の奈良県知事選では維新公認候補が当選したが、当時の勢いは完全に消え去ってしまったようなのだ。先の記事はこんな要因分析をしていた。「会場建設費が当初の想定の二倍近くに膨らみ、建設工事の遅れも深刻化している。巨額の負担は、『身を切る改革』を看板としてきた維新には、イメージダウンにつながっている」。

我が意を得たりと思ったためか泉前市長はこの記事を二〇二三年一一月一四日の旧ツイッターで紹

介、維新を以下のように一刀両断にした。

「国民世論は『無駄遣い』にはNOだ。『身を切る改革』と言いながら、反対に『万博やカジノ』に突っ走る姿勢は『無駄遣いの古い政治』そのもの。国民の身を切らないでいただきたい」

維新の正体を明らかにする〝斬り込み隊長役〟を果たし始めた泉前市長は、二度目の建設費上振れをした万博批判を繰り返し、さらにメディアに登場する機会が増えていった。オピニオンリーダーとして存在感が急上昇したともいえるが、こうして岸田政権（首相）と維新が共に国民の支持を失っていき、批判を浴びるようになっていったのだ。

●「国民の身を切るバラマキ政党（第二自民党）」維新の失速――吉村知事がウソ連発

二度目の会場建設費上振れを容認した後も、万博開催ありきの維新の失速は続いた。万博協会副会長で維新共同代表でもある吉村知事が虚偽発言（ウソ）を連発、万博批判の声をさらに増大させる事態を招いていたのだ。

二〇二三年一二月一四日の時事通信の世論調査では、維新の政党支持率は前月比一・四ポイント減の三・二％で、前月比一・七ポイント増の四・四％の立憲民主党に逆転された。選挙結果も振るわなかった。京都府八幡市長選で敗北したのに続いて「江東区長選」（二〇二三年一二月一〇日投開票）でも推薦候補の小児科医の小暮裕之氏が最下位に沈んだ。これまで通りの万博開催にこだわり、国民負担を回避する縮小万博を否定する姿勢が「身を切る改革は看板倒れ」という不信感を抱かせ、支持者離れを招いていったのは間違いないのだ。

「世界最大級の無駄ではないか」と疑問視された大屋根リング（三五〇億円）への対応も、稚拙だった。二〇二三年九月九日の会見で私は、当初の二倍に膨らんだ会場建設費のコスト削減策として「商店街アーケード方式」を提案したが、吉村知事は前言（七五頁）のような反論をしたのだ。「（大屋根リングは）清水寺の舞台にも採用されている『貫（ぬき）工法』で地震に強い。釘を使わずに安全で強い木造建造物を建てる日本の伝統建築技術の魅力を世界に発信していく」。

しかし森山浩行衆院議員（立民）が二〇二三年一一月二四日の予算委員会で「大屋根にクギやボルト等が使用されている」との答弁を経産省から引き出し、吉村知事のウソがばれてしまったのだ。大阪の成長率は全国平均以下なのに「成長を止めるな！」と大阪都構想の住民投票でアピールするなど、維新の虚言癖は今に始まったことではないが、現在に至るまで治っていないようなのだ。

自見英子・万博担当大臣も、そんな吉村知事と一線を画し始めていた。二〇二三年一二月五日の会見で「虚偽発言、誇大広告のような問題発言ではないか」と聞くと、「政府・博覧会協会としては『釘などを一切使用していない』とは言っていない。『不正確』という指摘は当たらない」と突き放したのだ。吉村知事は万博協会副会長だが、勝手に不正確な発言をしたと見なして距離を置いたといえるのだ。

ここに文春砲の直撃も重なった。「『三五〇億円リングを強行』内部資料入手　吉村知事『親密企業』が維新万博を続々受注している！」（二〇二三年一二月一四日号の『週刊文春』）と銘打ったスクープ記事が出たのだ。その特集記事の中で、木造ではなく鉄骨材使用ならコスト低減が可能だったと内部資

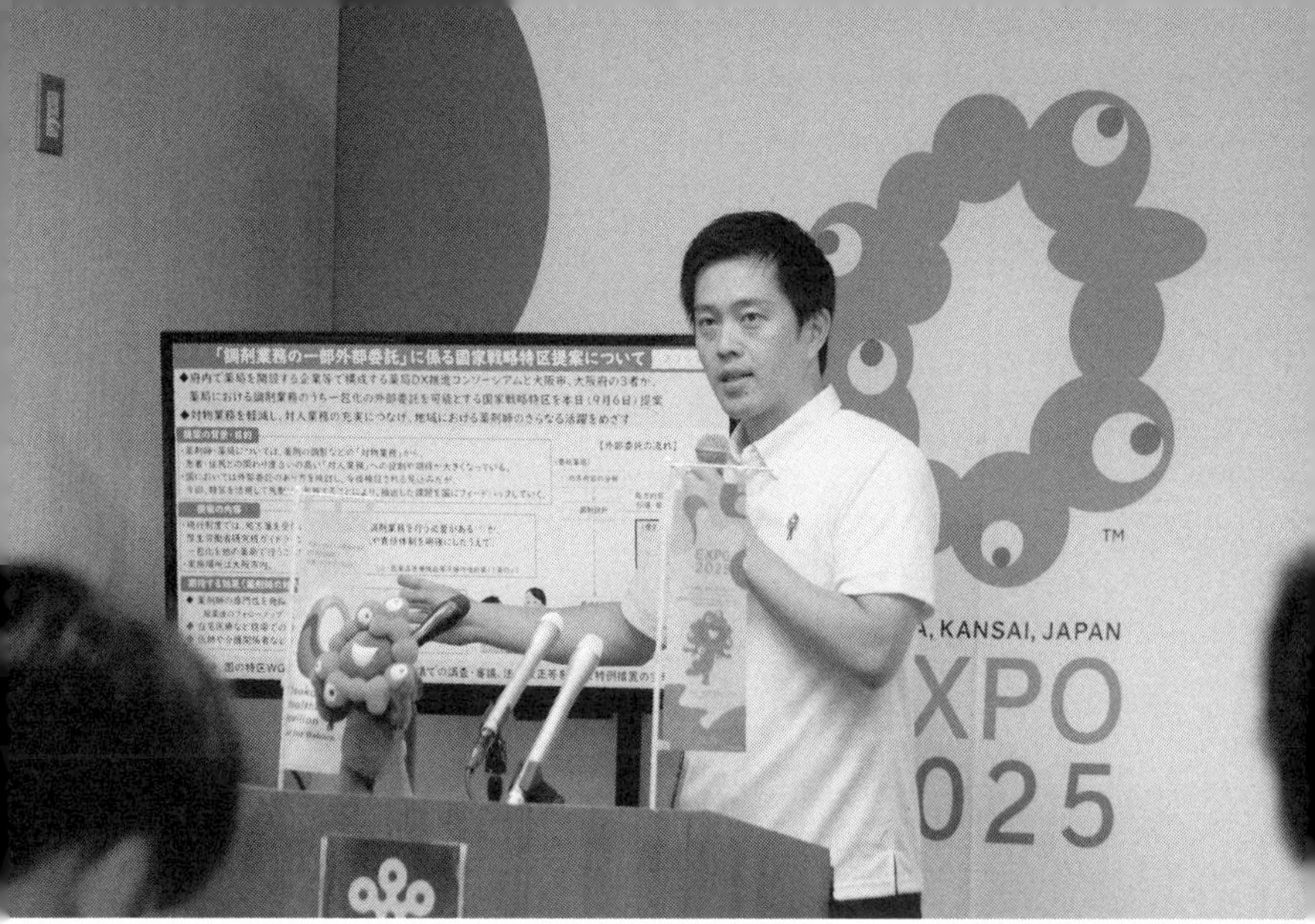

二度目の万博建設費上振れを容認した吉村洋文・大阪府知事（維新共同代表）。

料を元に指摘。木造が「三三九億円（二〇年度の試算）」であるのに比べ、鉄骨材なら「一九七億円（二一年度の試算）～二三六億円（二〇年度の試算）」と約一〇〇億円も安いことを紹介したのだ。

遅ればせながら未完成部分を安価な素材に置き換えれば、数十億円オーダーのコスト削減が期待できる。もちろん違約金などの費用は発生する可能性はあるが、共に万博協会副会長である吉村知事も横山市長もこうした抜本的設計変更の検討さえしようとしていなかったのだ。

先の会見で自見大臣は、吉村知事のもう一つのウソを暴く情報提供もしてくれた。大屋根リングに金属使用をしたのは、「地震時の安全性（耐震性）の確保のため」と答えたのだ。

素朴な疑問が浮かぶ。地震に強い「貫工法」採用の大屋根リングになぜ耐震補強が必要なのか。約四〇〇〇年間も清水寺は大地震に耐えているのに、万博開催中の半年間しか使わない大屋根リングの金属補強が必要なのか。並べ合わせてみると、地震に脆弱な夢洲という特殊事情を考慮したものとしか考えられない。

・清水寺（内陸）　釘なしで約四〇〇年倒壊せず
・大屋根（夢洲）　金属使用で耐震補強（半年開催）

前にも述べたように万博会場の夢洲は「ゴミの島」とも呼ばれる大阪湾の人工島で、軟弱地盤で現在も地盤沈下中だ。地震で大揺れをするので内陸よりもさらに高レベルの耐震補強が必要で、それで大屋根リングに金属使用をしたとしか考えられないのだ。

しかし吉村知事は二〇二三年八月二日の会見で「夢洲よりも内陸が安全」という真逆の主張をした。南海トラフ地震が万博開催時に襲ってきた場合の被害について聞くと、吉村知事は「夢洲が地震に弱いというものではないし、南海トラフ巨大地震が出たときにむしろ注意しなければならないのは、内陸の人が住んでいるほうのエリアです」と答えたのだ。

これも虚偽発言である可能性が高い。内陸にある清水寺は金属補強なしで大地震に耐えてきたのに対して、夢洲に建てられる大屋根リングは耐震補強で金属使用が必要だった。この違いを並べ合わせれば、夢洲の方が内陸よりも地震に弱いことは一目瞭然なのだ。

そこで、二〇二三年一二月八日の会見で自見大臣にも「大屋根リングは南海トラフ並の大規模地震にもつのか」と同主旨の質問をすると、以下のような回答が返ってきた。

「震度五強程度の中規模な地震に対しては（倒壊が）ほとんど生じず、震度六強から震度七程度の極めて稀にしか発生しない大規模な地震に対しては人命に被害を及ぼすような倒壊の被害を生じないという目標を満たすこととしている」「当該基準が南海トラフという特定の災害に対応しているのかについてはコメントを控えたいと思っている」。

吉村知事よりも控え目な言い回しだが、それでも〝万博来場リスク〟が浮き彫りになる恐るべき内容であった。「目標（ゴール）」というのは達成する場合もあれば、未達の場合もあることを意味する。目標未達なら倒壊の被害を生じることになる。そうした最悪時の被害想定（死傷者数など）を示されないまま、「目標を満たすことにしている」と希望的観測を口にしただけで事足りているのだ。

災害リスクを過小評価しようとする魂胆も透けてみえる。南海トラフ地震の発生確率は三〇年以内に七〇％から八〇％。単純に年数で割ると、一年間あたり二・五％で万博開催期間の半年なら一・二五％になる。無視できる数字とは思えないが、これを「極めて稀にしか発生」と表現するのは不適切ではないか。「万博開催時に南海トラフ地震襲来」という最悪の事態を過小評価、何としても開催にこぎつけたい魂胆が透けて見えるのだ。

前売り券販売が五〇〇日前の一一月三〇日から始まったが、少なくとも夢洲のような軟弱地盤で大規模地震が起きた場合のシミュレーション結果や耐震性に関する実証実験結果を公表、どれくらいの倒壊リスクがあるのかを告知すべきだ。修学旅行での万博見学を呼びかけているが、大惨事となれば、「危険を知らせずに国家的プロジェクトへの動員を誘導した現代版学徒動員だった」と批判されるのは確実だろう。

大阪・関西万博には、カジノ（IR）業者への利益供与という側面もある。万博開催地とカジノ予定地が隣接しているためで、万博開催までに整備される地下鉄や下水道や送電設備などの公共インフラを、二〇三〇年開業予定のカジノ業者も使えるからだ。「カジノ博」と呼ぶのがぴったりなのはこのためだ。

ちなみに二〇〇五年国際博覧会「愛・地球博」（愛知万博）は、「トヨタ博」と揶揄された。万博協会会長はトヨタ自動車名誉会長の豊田章一郎氏で、開催地はトヨタ本社や工場が集中する愛知県東部だった。その結果、愛知県と岐阜県と三重県を円形状に結ぶ「東海環状自動車道」（事業費は約六七〇〇億円）などのインフラ整備が進み、トヨタの利便性向上をもたらした。そんな「トヨタ博」と同じように二〇二五年の大阪・関西万博では、インフラ整備を万博関連予算で行ってもらえるカジノ業者に多大な恩恵をもたらす。「トヨタ博」と「カジノ博」は酷似しているのだ。

両万博の旗振り役も重なり合う。トヨタは徹底したコスト削減を部品メーカーに要求することで有名だが、税金が元手の愛知万博関連事業の費用対効果が乏しくても見直すことはせずに税金投入の恩恵に預かっていた。同じように大阪・関西万博を主導する維新も会場建設費の上振れによる国民負担増を容認、「国民の身を切らせるバラマキ政党（第二自民党）」である実態が露わになった。税金を食い物にするタックス・イーター（税金泥棒）のような存在であることがばれてしまったのだ。

橋下徹・元大阪市長とテレビで激論を闘わしたことで知られる日本城タクシーの坂本篤紀社長は「万博では関係者が恩恵を受ける〝お友だち資本主義〟が横行している」と指摘した。名指ししたのは、安倍政権と菅政権時代の首相補佐官を務めた国交省OBの和泉洋人氏。大阪府特別顧問（万博担当）を務める一方で、大和ハウスとアドバイザリー契約を結んでいるが、パビリオン建設遅れから吉村知事ら万博協会関係者が「タイプX」（プレハブ方式で建物を建てて引き渡す）への移行を勧めた。「プレハブは大和ハウスが中心に請け負い、そこから和泉氏がアドバイザリー契約料を得る。まさに〝お友だち資本主義〟が大手を振って歩いている」（坂本社長）。

●万博契機に吉村知事が狙うライドシェア解禁――ウーバーとのお友だち資本主義？

吉村知事が万博を契機に導入しようとするライドシェアに対しても、坂本社長はこんな警告を発していた。

「（二〇二三年）一一月一六日の大阪府市のライドシェア第一回有識者会議は一種のショーやね。会議が始まる前には、既に吉村さんは『河野大臣に明日（一一月一七日）、ライドシェアに関する要望を出してきます』とプレス発表をしている。それから『はい、会議開催』という。吉村知事はライドシェア導入ありきで関係者と話し合う気はないのではないか。〝お友だち資本主義〟で息のかかった会社に仕事を投げるという危険な図式も見て取れる」

実際、第一回有識者会議ではＭＫタクシーとウーバーがかなり分厚い資料を用意したが、業界関係者はこんな不信感を抱いていた。

「我々は三～四日前に会議開催を知らされ、詳細な資料を作成する時間的余裕はなかったが、両社には我々よりも早く開催情報を流したのではないか。『大阪でのライドシェア導入はＭＫタクシーとウーバーに任せる』という結論ありきの出来レースではないか」

　このことを二〇二三年一一月二四日の囲み取材で吉村知事にぶつけると、「ライドシェア導入検討のプロジェクトチームで参加者について判断して決めている」と答え、疑惑を否定した。

　自家用車で乗客を有償で運ぶ「ライドシェア」をめぐる議論は、菅前首相の二〇二三年八月一九日の長野講演を契機に活発化。菅氏と面談した岸田首相が一〇月二三日の所信表明演説で解禁検討を表明したことで注目度が急上昇。これに吉村知事が便乗し、万博開催前後に一年限定で導入することの検討を開始したのだ。

　しかし坂本社長が「一種のショー」と問題視した第一回有識者会議では、労働問題が核心との指摘も出ていた。町野革・ワンコインタクシー協会代表が「ライドシェアには光と影がある」と切り出し、こう続けたのだ。

「アプリを使って家の前までタクシーを呼ぶ。これは素晴らしい仕組み、ITのイノベーションです。影の部分は労働問題なのです。『グラブ』（シンガポールのライドシェア会社）の会長が日経新聞で書いているのを読んだことがあるが、『もしライドシェアの乗務員を直接雇用する。すなわち社会保険料を払うと会社は潰れる』と断言していた」「影の部分は労働力の、言い方を悪くすると、ピンハネの部分がどうしても否めない」。

　ウーバーなどの巨大プラットホーム企業にピンハネされ、社会保険料も支払われないワーキングプア（ギグワーカー）の増加を招く恐れがあるというのだ。全国ハイヤー・タクシー連合会の川鍋一朗会長も二〇二三年一二月四日、ライドシェア推進派の小泉進次郎・元環境大臣らが発足させた超党派勉強会で町野氏と同じ様な訴えをしていた。

「ライドシェアは二〇一三年以降、毎年定年観測をしていた。最初はライドシェアの方々もハッピーだったが、二年目は不動者会社から転職した社員が『骨折が治るまで無手当になった』と深刻な顔で語り、三年目はインド人運転手が『ウーバーの取り分の切り下げで生活できないので、一二時間運転から一六時間運転にする』と話すので『危ない』と思った」「『アプリで呼んでいつでも来る』というのは、『厳しい労働環境におかれているワーキングプアの人が有象無象ずっといる』ということと表裏なのです」。

タクシー業界がワーキングプア増加を防ぐ防波堤と位置づけるのが、タクシー会社と運転手が結ぶ雇用契約だ。ウーバーなどが個人事業主に業務委託するのと違って、タクシー会社が事故などの最終責任を負い、健康管理やアルコールチェックなども行うことで、安全安心が担保できるというのだ。

しかしライドシェア導入ありきの吉村知事や小泉氏は、こうした反対派の訴えに耳を傾けようとしない。両者は二〇二三年一二月一日に都内で面談。吉村知事から要望書を受け取った小泉氏は「万博では空飛ぶクルマも自動運転もやるのにライドシェアがないのは滑稽」と互いに意気投合。吉村知事の万博ジャケットを小泉氏に着てもらう場面も作り出した。

しかし、ここでも吉村知事の虚偽発言が飛び出していたことに気が付いた。坂本社長から「ライドシェア解禁は少数派。OECDは三八カ国あって、ライドシェアが禁止になっているのは三〇カ国。残り八カ国のレアケースにわざわざ行こうとしているのが理解できない」と聞いていたからだ。

そこで面談後の会見で「『万博にライドシェアがないとおかしい』というが、OECD三八カ国でライドシェア解禁は半分以下にすぎない。国際的に逆行することを大阪万博を機に導入するのか」と聞くと、吉村知事は「世界的に見てもアメリカを見ても東南アジアを見てもライドシェアが行われている。修正を加えながらやっていく国が多い。それを参考にしながら日本に適したルールを作っていく」と答えるだけだった。

聞く耳を持たないのは小泉氏も同じだった。ライドシェア超党派勉強会の国会議員は二〇二三年一二月一三日、河野太郎デジタル行財政改革担当大臣に提言を手渡した。その提言書には「雇用契約だけではなく業務委託など多様な働き方を認めること」と明記され、面談後の会見でも小泉氏は「『雇用契約に限らず業務委託も選択肢に』と申し上げたところ、河野大臣からも両方とも進めるという話があった」と説明した。勉強会での川鍋会長の訴えと真逆の内容を提言に盛り込んだのだ。

そこで「川鍋会長と真逆の主張をするのはなぜか」と聞くと、小泉氏は「切り取りの理解だ。タクシー業界の意見を一番最初に書いてある。一番最後にも『エッセンシャルワーカーであるドライバーの処遇について十分に配慮』と位置づけている」と答えた。しかし最初に何を書こうが、タクシー業界が求める「雇用契約限定＝業務委託禁止」の核心部分と真逆のことを主張していたら単にガス抜きで意見を聞いたにすぎなくなる。このことを問い質したが、小泉氏はこう反論した。

「全然違う。いま既に訪問の介護、訪問の保育を業務委託で大切な子どもの命、高齢者の命を預かっているわけです。『タクシーがライドシェアで業務委託だと安全性が担保できない』というのは、私は違うと思う」

しかしライドシェア超党派勉強会では、「訪問の介護」や「訪問の保育」の業務委託と同列に扱う小泉氏の主張が議論されることはなかった。川鍋会長らタクシー業界の反論を経ないまま、事後的に盛り込んで業務委託容認の根拠としたのだ。反対派の出席は単なるガス抜きのようなもので、ライドシェア導入ありきの結論を導くお飾りにすぎなかった。ペテン論法とはこのことだ。

大阪・関西万博は国民負担増だけでなく、ライドシェア導入の契機となってワーキングプア増大という弊害をもたらす恐れもあるのだ。虚偽発言を繰り返す吉村知事や小泉氏ら新自由主義者（規制緩和論者）が大手を振って歩き始めた今、徹底的に言動をチェックしていくことが不可欠なのだ。

維新批判の急先鋒である日本城タクシーの坂本社長は二〇二四年二月二四日、「万博やめて！　カジノもやめて！　今と明日のくらしを考える」（主催は「カジノはいらん！住吉の会」）と銘打った集会で講演。続いてフリージャーナリストの西谷文和氏との対談をする中で、維新創業者の橋下徹・元大阪市長に関する爆弾発言が飛び出した。維新関係者の虚偽発言で盛り上がっている時に坂本氏は「橋下というのは『飛田（新地）は自由恋愛や』と言うた。『（遊郭の玄関がある）一階で知り合って二階で恋愛をする』（と言った）」と暴露したのだ。

対談相手の西谷氏が「あかんな。アウトやな」と返すと、坂本氏は「真顔で言うんやわ」と補足。もう一回、西谷氏から「アウトやわ」という発言を引き出したのだ。

「飛田　橋下徹」で検索すると、旧遊郭街が今でも残る「飛田新地」（大阪市西成区山王三丁目）の関連記事がいくつも出てくる。その一つが「橋下徹氏　大阪の旧遊郭街・飛田新地組合の顧問弁護士だった」（『週刊ポスト』二〇一一年一二月二日号）で、井上理津子著『さいごの色街　飛田』の関連部分を以下のように引用していた。井上氏が二〇〇九年秋に飛田新地料理組合の事務所を訪ねた時の驚きを記していたのだ（新潮文庫三二九ページ）。

〈飛田新地料理組合が、公的機関（西成警察署や大阪市消防局）から「感謝」されてきたというのも妙だが、何よりも驚いたのは、マントルピースの上に飾られた写真である。料理組合の組合長と茶髪の弁護士が二人でにっこり笑顔で写っている一枚が、そこにあったのだ。

「あれ？　これ橋下知事。『行列のできる法律相談所』に出ていたころの橋下知事ですよね？」

「そうや。組合の顧問弁護士。一回、講演に来てもろた時に写したやつやな」と幹部〉

二〇一一年一一月に筑摩書房から刊行された井上氏の本（文庫本は新潮文庫）を引用したのは他でもない。九三頁の年表にあるように二〇一六年の大阪ダブル選挙で松井知事と橋下市長が当選して以降、一〇年以上も大阪府知事と大阪市長は維新ツートップであり続けているが、今でも江戸時代にタイムスリップしたかのような旧遊郭街は出版当時のままで、玄関口が煌々と照らされる平屋建が並ぶ路地で、行き交う男性に若い女性が手を振って隣の中高年女性が「寄ってって」と声をかけるという光景に変わりはないからだ。

「飛田料理組合」の名前の通り、表向きは「料理」を出す飲食店（料亭）。玄関口に座っている女性が給仕としてビールやおつまみを二階に運び、入店した男性が飲食をしている間に瞬時に自由恋愛に至って男女関係を結ぶ場合もあるという体裁になっているのだ。

そして現在でも飛田新地が外国人観光客の〝隠れ名所〟になるほど賑わいを保っているのは、顧問弁護士だった橋下氏がかなり無理筋で新自由主義的な法解釈を主張し、それがそのまま維新幹部に引き継がれている産物であるようにみえるのだ。

ただし橋下氏の「自由恋愛」を〝盾〟にした法解釈が、物議を醸し出したこともあった。大阪市長時代の二〇一三年五月二七日、海外からも批判された「慰安婦発言」の釈明会見が外国人特派員協会で開かれた時のことだが、フリージャーナリストの田中龍作氏が同日のネット記事で、失笑がもれた質疑応答を紹介。イタリア人記者が「大阪の飛田遊郭の顧問弁護士をしていたというが、売春は日本で禁止されている。女性の尊厳を重視するといいながら、相反していないか」と質問したのに対し、橋下氏が「守秘義務があるのでここで語ることはできない。かつて料理組合の顧問弁護士だったこと

〈年表　維新ツートップ大阪府市政で残った飛田新地（かつて橋下徹氏が顧問弁護士）〉

二〇〇八年一月	橋下徹氏が大阪府知事選で当選、翌二月に知事就任
二〇〇九年一〇月	『さいごの色街　飛田』の著者の井上理津子氏が飛田新地料理組合の事務所で顧問弁護士だった橋下徹氏の写真を発見
二〇一一年一一月	大阪ダブル選挙で維新が二連勝。大阪市長選では橋下徹氏が初当選、大阪府知事選では府議だった松井一郎氏が初当選。維新ツートップの大阪府市政がスタート、現在に至るまで一二年以上も続く。
二〇一三年五月二七日	橋下徹市長が外国人特派員協会で慰安婦発言の釈明会見、「飛田新地料理組合自体は違法ではない」と主張。
二〇一五年一〇月	橋下氏後継として吉村洋文衆院議員が大阪市長選に出馬、初当選。松井知事は再選。
二〇一九年四月	大阪ダブル選挙（出直しクロス選）で維新が連勝。大阪府知事選で吉村市長が初当選、大阪市長選では松井知事が初当選。
二〇二三年四月	大阪ダブル選挙で再び維新が連勝。吉村知事が再選、松井後継の横山市長も初当選

は事実」「料理組合自体は違法ではありません」と回答。続いて田中氏が「飛田の料亭の二階に上がりお金を払えば売春できることは大阪の中学生なら誰でも知っている。〝橋下さん嘘ついてはる〟といわれる。中学生でも分かるような詭弁を弄して政治家として恥ずかしいと思わないか」と問い質したが、橋下氏は「違法なことがあれば、捜査機関が来て処罰されます」と答えたのだ。

先の『さいごの色街　飛田』でも著者の井上氏が最寄の西成警察署で「売春が行われていることが明らかな飛田をなぜ取り締まらないのか」「二階で売春が行われていますよね」と聞いても、警察官は「それは我々のほうでは分かりません」「実際問題、被害者からの通報がないと我々は動けない」と答えるだけだったという（新潮文庫三五〇～三五二頁）。

維新創業者の橋下氏の法解釈は、大阪の警察にも浸透、今でも「捜査機関が動かないので違法行為は行われていない」と見なされ続けているように見える。

そして、維新が力を入れる「外国人観光客増加」にも貢献しているのは確実だ。いまや「ＵＳＪで遊んで、通天閣で串カツを食べて、飛田に行く」というのは、人気観光コースの一つとなっていると聞いた。実際、広告を出さずにネット上での宣伝も控える飛田だが、「青春通り」などと名付けられた路地一帯には英語版の案内図も目立つようになっている。ぞろぞろと歩く男性グループからは中国語や韓国語や英語などが漏れ聞こえ、女性通訳に連れられて案内される男性客もいたほどだ。

夢洲での万博開催で公的資金を投入しながらカジノ（ＩＲ）誘致も進める維新の基本的考えは、「とにかく金が動ければいい」という新自由主義的発想ではないか。カジノでギャンブル依存症の患者が溢れ返っても、「自由恋愛」という名の下に飛田で買売春が繰り返されても、「経済が活性化すれば問題ない」と割り切っているように見えるのだ。

2 能登半島地震で高まる万博中止論――岸田首相以上の存在感の山本太郎代表

能登半島地震への対応で岸田首相以上の存在感を見せているのが、れいわ新選組の山本太郎代表だ。首相が震災から二週間後の二〇二四年一月一四日に初めて被災地入りをしたのに対して、山本代表はそれまでに二回も現地入り（一月五日〜六日と一一日〜一二日）、視察や聞き取りなどをした上で具体的提言をネットで発信。総理視察の三日後の一七日には東京に戻って会見に臨み、「能登半島地震の復興にかかるれいわビジョン」を発表したのだ。

一方の岸田首相も一月一四日一〇時半に輪島市にヘリで到着、同市と珠洲市の避難所で被災者の声に耳を傾け、空自輪島分屯基地などで激励もしたが、現地での視察時間は一時間半足らず。午後には県庁で馳知事らと意見交換、一月中にも一千億円超の予備費の使用を決定する意向を表明したが、具体的な提言が示されることはなかった。そして一六時半には石川県を後にするという半日程度の視察にすぎなかったのだ。

それまでに合計で四日間の被災地視察をしていた山本代表は一月一七日の会見で「首相の視察が駆け足だった」と指摘されたことを問われると、切り返すようにこう言い放った。

「私自身が『駆け足』の視察。二度の一泊二日でしか行っておらず、その間に会える人や聞ける声は限られる。総理は『のぞき』をしに行ったということです」

視察後の発信内容も雲泥の差があった。岸田首相は県庁内の会見で「被災者のためにできることは全てやるとの決意のもとで、現下の震災対応、被災者の生活と生業の再建支援に全力で、取り組んでいく」と述べる抽象的文言の羅列にとどまったのに対して、山本代表発表の「能登半島地震の復興にかかるれいわビジョン」には国に求める具体的支援策が九項目にわたってリストアップされていた。「地域に残る人等のために仮設住宅を爆速で作る」「ノウハウのある国・自治体の職員の長期派遣、支援組織への公費投入も行う」「不要不急の事業（大阪万博、辺野古埋立工事）は中止し、被災地に社会的リソースを回す」などの提案が並んでいたのだ。

この〝万博中止論〟にまで踏込んだ国会議員は、恐らく山本代表が初めてだろう。「れいわビジョン」発表の一〇日前、一回目の被災地入りを終えた翌一月七日、「最悪の事態を想定しているか」と銘打った国と石川県への緊急提言の中で、以下のような発信していたのだ。

「能登半島を含む石川県全域が豪雪地帯である。（中略）降雪、積雪の中、道路の修復や復旧作業は困難。加えて、通常時、除雪作業は地元建設業者なども請け負うという除雪作業と復旧作業の両輪を廻せると考えるのは現実を見ているとは言えない（もちろん全国の建設業者を大々的に雇って行うならば可能だろう。その場合、当然万博は中止、徹底した積極財政で被災地も支える覚悟が必要だ。）」（一月七日の山本代表のX＝旧ツイッター）

正反対の立場を取ったのが、維新共同代表の吉村洋文知事だ。一月四日の囲み取材で能登半島地震が起きて万博中止を求める声が出ていることについて問われると、「万博と復興支援が二者択一の関係ではない。なぜ万博と復興支援が二者択一なのか」と答えたのだ。このコメントに即座に異論を唱えたのが、元新潟県知事の米山隆一衆院議員（立民）。

「復興に大量の人員・重機・資材を投入する事になる以上、万博会場建設を今のコスト・期限に完成する事は一層困難になります」「万博は、建設費をさらに増加させて復興の為の建築リソースを奪う」「（万博の）建設計画の下方修正、開催日の延期を真剣に検討すべき時だと思います」。

建設業界のリソースは無限ではないことから米山氏は、万博会場建設と震災復興には関係性があり、両立困難と見て縮小万博や延期の検討を提案したのだが、さらに踏み込んで〝万博中止論〟に言及したのが山本代表だったのだ。

そこで私は山本代表らの一月一七日の会見で「吉村知事は『大阪万博と復興は両立可能』という主旨のことを言っている」と切り出して見解を尋ねると、次のような反論が返ってきた。

「盗人猛々しいと思う。いま多くの方がさらに奪われようとしている中で、自分達のその金儲け。一部の人たちだけで金を分け合う行為を続けようとするのは、あまりにもひどい。それによって、この国のリソースは奪われるわけだから、いま何よりもこの能登半島の部分の復興復旧に関して『国の総力をあげて全てを注いでも復活させるのだ』ということが必要です。『（能登の）人々の暮らしや生業を取り戻すために必要な人員や物資とか様々なものを、自分達の利益のために取り上げようとするのは止めろ』ということだ。それ以上でも以下でもない」

山本代表の隣に座っていた共同代表の櫛渕万里衆院議員も、こう補足した。

「今こそ安倍元総理が『アンダーコントロール』と言って東京五輪を誘致したことを思い出すべきだ。あの時に福島を含めた復興に関わる人材、リソースが五輪に取られてしまった」

まさに正論だ。東日本大震災の復興と五輪建設ラッシュが重なって工事費（人件費や資材費）は高騰し、被災者を苦しめていたのは紛れもない事実だった。当時、「震災五輪」という旗印（美辞麗句）を掲げた小池知事の被災地訪問を追っかけ取材した際、話を聞いた宮城県庁の復興担当者が差し示したのが「公共工事設計労務単価変動グラフ」だった。そこには、建設業界の人件費が一・五倍から二倍程度に上昇したデータが記されていた。五輪関連事業など被災地以外での公共事業ラッシュが原因であることを物語っていた。

公共事業費高騰は民間の建築事業にも悪影響を及ぼしており、「仮設住宅を出て新しい住宅を建てようとしたら、当初の見積もりの五割増になって新居建築を断念した人もいます」（岩手県大槌町の被災者）。仮設食堂を経営していた大槌町のIさんも、新店舗の坪単価が二倍になって開業を断念。「建設業者はほかにも工事がたくさんあるので値引きに応じない。小池知事に三陸地方の現状を直訴したい気持ちにもなった」と訴えていた。

「れいわビジョン」の〝万博中止論〟は、こうした悪夢の近未来図を繰り返さないための提言だった。これまで通りの万博開催に固執すれば、五輪建設ラッシュと重なった東日本大震災の時と同様、能登半島の被災者の方々が工事費高騰で苦境に陥るのは確実だ。これから会場建設ラッシュを迎えようとする大阪万博と、能登半島での震災復興事業の間で建設業界のリソース（資材や人手）の奪い合いとなるのは目に見えている。だからこそ、大阪万博や辺野古埋立工事など不要不急の工事中止がれいわビジョンに盛り込まれ、能登半島の震災復興に集中していくことを求めたということなのだ。

●東日本大震災復興の失敗を活かそうとしない岸田政権と維新

東日本大震災復興の失敗を活かそうとしていないのが岸田政権と維新だ。自見英子・万博担当大臣は一月一二日の会見で万博中止や延期に関する質問に対し、「今般の地震の影響が万博の準備にどのような影響を与えるのかについて予断を持ってお話をできる段階にないと考えている。現時点では、我が国としては中止や延期については考えていない」と否定した。

一方、山本代表がいち早く打ち出した〝万博中止論〟を無視、被災地入りにケチをつけたのが維新政調会長の音喜多駿参院議員だ。「被災地に決して小さくない悪影響と負担を与えた彼（山本代表）から発信された情報や提案が、ことごとく政府や県知事・関係者が把握している域を出なかったことに、心から愕然としています」と一月八日にネット上で批判したのだが、詐欺師紛いのスリカエ論法とはこのことだ。

そもそも「除雪作業と復旧作業両立のために万博を中止、建設業界総動員体制を取る」という山本代表の緊急提案は、国や県が検討表明すらしていない独自のものだ。仮に「把握」していたとしても「発表（発信）」しなければ政策が実現することはない。「発信」と「把握」をスリカエて山本代表の提言が無意味と印象づけ、被災地に悪影響を与えたと決めつけたのだ。

詐欺師顔負けの手口（世論誘導術）を駆使する音喜多氏には「心から愕然」とするが、維新が深く関係する万博中止論をスルーするのは姑息としか言いようがない。維新推薦候補が最下位に沈んだ「江東区長選（投開票日二〇二三年一二月一〇日）」で応援演説をした音喜多氏を直撃、「万博問題、逆風にならないか」と声をかけたが、「今日は江東区長選で来ているので。頑張ります」としか答えなかった。「身を切る改革」を掲げているのに維新は万博会場費上振れを容認、「国民の身を切らせるバラマキ政党」と化していることに対して釈明をしようとしなかったのだ。

本当に山本代表の被災地入りが「被災地に決して小さくない悪影響と負担を与えた」（音喜多氏）のかについても先の会見で聞いてみた。幹線道路が大渋滞であるから被災地入りは控えるべきというのが音喜多氏の主張だが、先の会見で「二度目の被災地入りではそんなに大渋滞ではなかった」と山本代表が書いていた交通状況について聞くと、山本代表は「（被災地入り一回目の）一月五日は渋滞はあり、七尾から穴水あたりが一番ひどい渋滞だった」と振り返る一方、「いつでも混んでいるわけではない。全ての道路が渋滞をしているわけではない」として時間帯やルートを選ぶことで大渋滞回避は可能とも指摘、こう続けた。「一回目は能登町と珠洲市を視察させていただいたが、二回目は輪島を目指した。その時は能登半島の左側、志賀原発沿いの通りを北上したが、そこが渋滞したことは全くなかった。ただ門前町から輪島市内までは通常ならば三十分だが、寸断されているために迂回をしないといけないので、一時間半くらいで到着した。『すごい渋滞』はなかった」。

山本代表の被災地入りは「ルートや時間帯を選ぶことで地元に大きな悪影響と負担を与えることはない」ことを実証したといえるが、山本代表は「山本太郎的なやつらが国会議員に大勢いたら、被災地が混むじゃないかみたいな訳のわからないことを言う人がいるが、そんな状況が生まれるのだったら、これまでの被災地、国会議員であふれているはずだ」と疑問呈示、こう続けた。「『みんな行きたいのを我慢してる』なんて。行きたいのだったらさっさと行けよ」「私は自分がやるべきことをやっただけ」。

また山本代表は「カレーを食べるな」といった批判についても、次のように反論した。

「食べさせていただいたカレーは夜九時位、全体の配食が終わってNPOの方々も食べ終わられたあとの残りの物だった。『おいしい物作ったから食べてってよ』と言うことに断る理由はない。普段食べるカレーの何万倍もおいしいものでもあった。そういうものを食べながら、情報を手に入れる上でも、非常に重要な部分を占めると思う」

一月七日の会見では、震災復興策をまとめた「れいわビジョン」がメインテーマになるはずだったが、山本代表の被災地入り批判に関する質問が相次ぎ、枝葉末節な問題のやりとりが大半を占めることになった。〝万博中止論〟をスルーした音喜多氏の詐欺師紛いのスリカエ論法は、維新に都合が悪いこと（不都合な真実）から目をそらす働きをしたともいえるのだ。

実は、軟弱地盤の「夢洲」（大阪湾の人工島）で開催される万博に警告を発する震災関連記事が出ていた。「阪神大震災級の強い揺れ　軟弱な地盤、被害拡大か　能登半島地震」と銘打った二〇二四年一月四日の毎日新聞のことだ。

「三日に珠洲市などを現地調査した金沢大の村田晶助教（地震防災工学）は、『被害を受けていない家屋を見つけるのが難しく、二〇二三年五月の地震（最大震度六強）の被害をはるかに超えている。一階部分がつぶれて屋根しか見えない家もある。崩れた家が道を塞ぎ、車が走行するのも難しい』と緊迫した様子で語った。村田助教によると、被害が大きい珠洲市正院町は河川による堆積平野にあり、地盤が軟弱で地震の際に揺れやすい」

共に地盤が軟弱な珠洲市正院町と夢洲が二重写しになる。万博開催時に巨大地震が襲来したら、能登半島地震と同様、軟弱地盤上の建造物（パビリオンや大屋根リング）が倒壊して大惨事となる恐れが十分にあるのではないか。

能登半島での被害実態は、本書で何度も指摘してきた〝夢洲リスク〟とも合致する。

すでに述べたように「夢洲は軟弱地盤で、地震で大揺れをするので内陸部よりもさらに高いレベルの耐震補強が必要。だから大屋根リングに金属使用をした」と考えられる。能登地震で大きな被害を受けた珠洲市正院町と同様、夢洲も高リスク震災被害地域と位置づけられていたに違いないのだ。

しかし万博協会の見方は正反対だった。二〇二三年一二月二六日に万博協会が公表した防災基本計画では、軟弱地盤の夢洲が液状化しない想定になっており、しかも夢洲の中で西側と東側で液状化の程度が違うという不可思議な結果となっていた。そこで一月九日の会見で自見大臣に「防災基本計画の信憑性についてどう考えるのか」と聞くと、次のような答えが返ってきた。

「南海トラフ地震も含めて津波を伴う大地震等の様々な自然災害を視野に入れ、検討した上で策定したものと承知をしている。この防災基本計画では、夢洲では主に港湾や河川を採掘した際に生じた粘土状の浚渫土壌で埋め立てられていて、少なくとも夢洲の西側の万博会場の大部分では液状化が起こらないとの判断になったというふうに承知をしている」

一月九日の自見大臣発言と一月四日の毎日新聞の記事を並べると、素朴な疑問が浮かんでくる。河川の堆積平野にある珠洲市正院町の軟弱地盤も、港湾や河川の浚渫土壌を埋立てた夢洲の軟弱地盤も、共に地震で大揺れして建造物倒壊の大きな被害が出るのではないか。両方とも軟弱地盤なのだから珠洲市正院町と夢洲とで大きな違いがあるとは考えられないというものだ。

そこで一月一二日の自見大臣会見では、毎日新聞の記事内容を紹介しながら、「軟弱地盤のところで大きな被害が出た能登地震の被害実態を受けて、同じく軟弱地盤で開かれる万博の建造物の再チェック、現地調査とか専門家の意見を聞く考えはないのか」と聞いてみた。しかし自見大臣からは、楽観論に基づく否定的回答しか返って来なかった。

「能登半島地震の被害分析だが、今後、専門家によってなされるものと考えている。そのため現時点で万博会場内の個々の建物の耐震性を再調査する考えは持っていない」

岸田政権と維新の人命軽視の強行姿勢が浮彫りになっていく。軟弱地盤で大きな被害が出た能登半島地震が起きても、同じ軟弱地盤の夢洲での万博開催リスクを再検証することはしない。能登震災復興と万博会場の建設が重なって工事費高騰を招いても、とにかく万博は予定通り開催すると宣言したに等しいのだ。

一方、山本代表は真逆の立場だった。一月一七日の会見で締め括るようにこう言い放ったのだ。

「どれを取っても『(万博)中止』の一択しかないだろうと思います。いま一番苦しんでいる人達に対して最大限のリソースを割く。そこに対して(万博開催を)並行させようとするようなセコイことを考えるなということです」

能登半島地震を受けて万博中止とするのか、それとも予定通りの開催をするのか。世論を二分しそうな論戦の行方がさらに注目されることになったのだ。そんな中、飛び出したのが高市早苗・経済安保担当大臣の万博延期論だった。

●高市早苗・経済安保担当大臣の万博延期論の波紋――泉前市長はトーンダウンを批判

能登半島地震が起きて「震災復興と万博開催の両立は可能なのか」といった見直しの声が強まる中、高市大臣が万博延期を岸田首相に進言したことが二〇二四年一月二七日に報じられた。その途端、泉前市長は「これは新たな動きだ」と発信、次のような連続投稿をした。

「二〇年開幕予定だったドバイ万博も一年延期されている。政治家の決断次第だと思う」「『岸田派の解散』だって決断できるのだから、『万博も延期』だって決断できなくはないようにも思う。高市早苗氏については、総理に対して『大阪万博延期を要請』するなら、もっと本気で迫っていただきたいものだ。『閣僚の座を賭けてでも』ぐらい言えばいいのに……」

たしかに高市大臣は二〇二四年一月二七日、長野市での講演やネット番組「高市早苗チャンネル」で、一月一六日に岸田首相と面談して万博縮小や延期を提言したことを明らかにしていた。理由は、能登地震からの復旧復興の優先で「資材不足が起きている。人手不足も起きている中で両立できるのかどうか」「延期や縮小は総理決断でしかできない」（ネット番組）と訴えていたのだ。

しかし岸田政権の万博推進の姿勢に変わりはなかった。林芳正官房長官も斎藤健・経産大臣も「万博関連の資材調達などによって能登の復興に具体的な支障が生じるという情報に接していない」として延期の必要性を否定した。

この政権の姿勢に同調したのが産経新聞だ。一月三〇日の高市大臣会見で「『復興に支障が生じないのであれば、延期の必要はない』という考えなのか」などと質問。高市大臣から「私自身は、大阪・関西万博と能登半島復旧復興の両方を完璧にやりきるということが日本の名誉になる。大事だと思っている」「総理からは『被災地復旧には支障が出ないように配慮する』と仰っていただいている。私からも『総理の決定には従います』という旨を伝えている」という答弁を引き出し、この発言を紹介する記事を同日にネット配信したのだ。

ただし会見で高市大臣は岸田首相への提言の根拠となったゼネコンの声も詳しく紹介していた。「私に対して入って来た声として、既に万博の仕事を受注しているゼネコンで『新たに被災地の復旧復興の仕事を頼まれた』という社からは、『社内を万博班と能登班に分けて対応しているのだが、配電盤をはじめ資材不足、人手不足もあって、大変な状況なので、万博は少し延期した方がいいのではないか』という声を伺った。またハウスメーカーからも被災地の住宅などに対応する上で、やはり資材調達への不安の声を伺っていた」

しかし、先の産経の記事はこの発言部分をそっくり削除した。万博開催に都合のいい部分だけを切り取った偏向歪曲報道であったのだ。〝万博協会広報誌〟と呼ぶのがぴったりな産経と大臣との質疑応答後、私は「高市大臣がした（ゼネコンなどへの）聞き取り調査などを『政権をあげて行うべきだ』と考えていないのか」と聞くと、高市大臣から次のような回答が返ってきた。

「すでに総理が先週、斎藤大臣に対して指示をして『資材などについてもしっかりとチェックをしていくという態勢になっている』と伺ったので、そこは心配をしていない」

楽観的すぎる回答と思って私は、東日本大震災の実態をぶつける再質問をした。「東日本大震災の時は五輪建設ラッシュと重なって資材費が高騰して新しい住宅を建てようにも見積もりが二倍くらいになってしまったと聞いているが、同じことが起きるのではないか。いま必要なのは、能登半島の復旧復興の工事が増えた分をどこか減らす、そのために万博の延期・縮小は有力な案だと思うが、岸田政権をあげて公共事業の総量規制、被災地復興への集中投下を検討する考えはないのか」。

この提案に対し高市大臣は逃げの姿勢となった。「所管外だから政務でアポを取って総理に話をし、最終的には総理の判断には従うという旨も伝えている。総理からは被災地の復興に支障がないように配慮する旨も話をいただいているので、信頼して任せたいと思っている」と〝お任せモード〟に入ってしまったのだ。

納得がいかないので「もう（ゼネコンで資材不足の）支障がすでに出ているではないか。それに対してどうするのかが必要では」と再々質問をしたが、それでも高市大臣の紋切型の回答に変わりはなかった。「私が先々週まで聞き取った範囲で、そういった話が寄せられた。それで総理に伝えて、その後、先週、総理から斎藤大臣に指示があった。いま経産省の方でも資材不足が起こらないようにチェックをしていただいていると。また石川県と連携体制を作っていただいたということを聞いている」。

しかし問題は、斎藤大臣ら経産省のチェック体制で十分なのか否かということだ。忘れてはならないのは、高市大臣がゼネコンから聞き取った資材不足の情報に接していないと経産大臣が国会答弁をしたことだ。これは、経産省自身の情報収集能力の低さ、そして不都合な真実に目を向けない偏狭的姿勢を物語るものに他ならない。万博開催ありきの欠陥組織体であるのは一目瞭然なのに、高市大臣は急に知らぬ存ぜぬの姿勢に変節したとしか見えないのだ。

しかも岸田首相までが「万博の資材調達で、能登半島地震の復興に具体的な支障が生じるとの情報には接していない」（二〇二四年二月一日の予算委員会）と斎藤大臣の答弁をなぞるだけで、高市大臣の情報提供に触れることなく切り捨てて事足りたのだ。

そこで翌日（二月二日）の高市大臣会見の終了宣言直後、次のような声掛け質問をした。

「大臣、万博関連発言について一言。岸田総理に（万博と能登震災復興工事を受注するゼネコンの資材不足の）情報が届いているではないか。万博の資材調達ですでに（能登震災復興に）支障が生じているのに昨日（二月一日）の国会答弁で岸田総理は『そういう情報に接していない』と言っていたではないか。明らかにおかしいではないか」

すると、高市大臣は立ち去ることなく答えたが、従来の答弁の繰返しにすぎなかった。

「斎藤大臣に岸田総理が指示をされて『資材の需給を丁寧に把握して復興に支障のないように、万博関連の調達を継続的に行うように』ということで、きちんとした指示を出してもらったので、私は経産省での取り組みが行われて能登に影響が出ない形が作られるものと期待している。総理の指示に大変感謝をしている」

泉前市長も呆れていた。二〇二四年二月三日のX（旧ツイッター）で次のような連続投稿をしたのだ。「『万博の延期』を首相に進言しておきながら、『予定通り開催』との政府方針にすぐに服するとは、いったい何がしたかったんだろう。『物議を醸す』ことぐらい、本人だって当然にわかっていたはずだが……」

そして二月一五日の自身のネット番組「いずみチャネル」でも高市大臣の対応をこう総括した。

「(万博延期提言について) 本当にそう思うのであれば (岸田首相を) 説得するというか、場合によっては閣僚を辞しても『いまはこうだ』というぐらいの覚悟を見せるのも一つだったと思う」「若干ポーズというか、私は被災者の方を万博より優先している立場ですよということを言ってみただけというふうにも見えますので、私として政治家としては特にリーダーを目指している方であれば、もう少し覚悟というものを見せてほしかったなと思います」。

次期総裁選への意欲を隠さない高市大臣だが、歯に衣を着せぬ発信が特徴の泉前市長はリーダーの資質に疑問符がつくと批判したのだ。

第3章　悪の国日本から韓国の統一教会への国富流出は続く

統一教会本部のある聖地・清平に立ち並ぶ白亜の宮殿。

1　統一教会の聖地で合同結婚式と白亜の宮殿の完成式典

二〇二三年五月一二日に統一教会問題に関する「国対ヒアリング（旧・野党合同ヒアリング）」が開かれ、母親が統一教会信者の宗教二世のデビルさんが「私の人生は奴隷だった」と訴えた。合同結婚式と教団新施設「天苑宮《てんえんぐう》」完成式典の取材報告をした鈴木エイト氏に続いて、Vチューバーのデビルさんがアバター姿でモニター画面に登場、次のような怒りを爆発させたのだ。

「私の家は山上（徹也・被告）の家と同じように、ざっとみて一億円もの献金被害を受けています。私の家族は、信者である母が行った多額の献金の肩代わりをするために、祖母、父親、私も借金を抱えて返すだけの人生を今も送っています。そのお金が形になったものが（新施設の『天苑宮』として）建てられた。自分はお金を搾取されるためだけの存在だったのか。そのために生きていると思うと、生きるのが馬鹿らしくなりました」

教団の聖地・清平《チョンピョン》（韓国京畿道加平）にそびえ立つ巨大な白亜の神殿「天苑宮」の総工費は、「約五〇〇億円」（二〇二三年五月八日放送のミヤネ屋）。その多くの資金が日本人信者からの献金だった可能性が高い。デビルさんはこう続けた。

「安倍元首相の事件のあった後にも、韓鶴子総裁は、日本の伝道一〇倍化と天苑宮の献金を求めました。被害者のことを何も思っていないと再確認しました。信者らの献金が形になった奉献式を見

統一教会本部のある聖地・清平では2023年5月に合同結婚式が開かれた。

た時に、〝私の人生は奴隷だった〟と思い、吐き気をもよおしました。集められた献金のなかには、生命保険のお金や誰かの遺産も入っているはずです。私には、この神殿は墓にしか見えません」

　しかしソウル在住の統一教会信者（合同結婚式で韓国に渡った日本人妻）の見方は違った。合同結婚式と新施設完成式典が開かれる前日（二〇二三年五月六日）、前夜祭で合唱をするために清平行きのバス停で待っていた中年女性はこう言い放った。「キリスト教信者が多い韓国では寄付文化が根付いている。寄付への違和感はなく、統一教会への献金が社会問題化してもいない。私の夫をはじめ韓国人の信者は収入に見合った寄付しかせず、それ以上の高額献金を求められても『無理です』と断る。日本人はマジメすぎる。韓国人信者を真似すればいいと思う」。

　日韓で大きな認識のギャップが生じるのは、高額献金を強いられている日本人信者とそうではない韓国人信者という差が原因に違いない。日本人の国富（財産）が韓国教団に流出していることによる産物ともいえるのだ。

連休中（二〇二三年五月三日から八日）の韓国取材を決めたきっかけは、『週刊文春』五月四日・一一日号の「統一教会〝解散セズ〟岸田首相の裏切り」と銘打った記事。この中に、教団への質問権行使により二〇二三年三月にも解散請求と見られていたのに、実際には「見通しは全く立っていない」（文化庁事務方トップ）ことを暴露。そして連休中に合同結婚式が韓国で開かれ、教団新施設「天苑宮」のお披露目式典も開かれることも紹介していたのだ。

二〇二二年七月の安倍元首相銃撃事件を機に批判が噴出したのに、いまだに統一教会は健在で活動を続けていたのだ。そして合同結婚式が再び開催され、日本人信者の高額献金を原資にした教団新施設の式典も開かれるとなれば、現地取材をする価値は十分。日本の国富が韓国教団へと流出したことが可視化される現場を見に行こうと思い、韓国行きを即断即決したのだ。

●日本の報道関係者への厳しい取材規制

しかも連休中の統一教会関連のイベントは合同結婚式だけではなかった。二〇二三年五月三日からは関連団体の「UPF（天宙平和連合）」主催の国際会議「ピース・サミット」をソウル市内のホテルで開催。会場のソウル市中心部にある「ロッテ国際ホテル」を訪ねると、そこには世界各国の政治家ら約一〇〇〇人が参加しており、初日には韓総裁の挨拶が信者向けのサイト「PeacelinkTV」で生配信されてもいた。

以前もビデオメッセージを送ったトランプ前大統領が今回も同じパターンでスクリーン上に登場し、「多くの人々が政府ではなく全能の神から与えられた権利と自由、尊厳によって祝福された存在であることを信じています」と挨拶した。もっと驚いたのは、トランプ政権で国務長官を務めたマイク・ポンペオ氏が、韓国にまで駆け付けてリアルな姿で挨拶をしたことだ。その内容も驚くべきもので、韓総裁を称賛しただけに止まらず、教団への批判を左翼思想の産物と見なしていたのだ。

「韓鶴子総裁の平和への取り組みは私をはじめたくさんの人々にとって大きな祝福になりました。韓鶴子総裁は宗教の自由のために常に戦ってこられました。世界の各地で多くの人々が韓総裁を誤解しています。左翼の思想のせいでたくさんの攻撃を受けています。日本で攻撃されています」（教団配信動画「PeacelinkTV」より）。

銃撃事件後の日本では考えられない大物政治家の発言だった。実は、かつて安倍元首相もＵＰＦのイベントにメッセージ動画を送り、「朝鮮半島の平和的統一に向けて努力されてきた韓鶴子総裁をはじめ皆様に敬意を表します」と述べてネットでも配信されていたが、この動画こそ、山上徹也被告が見て銃撃を決断したとされるものだった。それなのにトランプ前大統領もポンペオ氏も、まるで銃撃事件が起きなかったかのような時代錯誤的な教団擁護発言を続けていたのだ。

ここでも日韓の違いを実感した。日本では、銃撃事件の遠因となったＵＰＦ主催のイベントが堂々と開催されることはありえない。ところが韓国では首都ソウル市内で開かれ、ビデオメッセージでトランプ前大統領までが登場していたのだ。そんな豪華メンバーが勢ぞろいしたのは間違いないのだ。

そのためもあってか、搾取されている側の日本の報道関係者への取材規制（妨害）は徹底していた。受付で会場内を取材したいと申し出ても「事前登録がないとダメ」と拒否された。報道担当の白人女性に「この場で登録をして取材をしたい」と頼んでも「報道に制限がかかっている」と拒否。「ネット配信しているオープンな会議なのだから制限する理由はないはずだ」と食い下がると、途中から日本語が話せるスタッフに交代。「悪い報道をするところは多分入れない」という差別的な発言をしたので、「いい報道するところは入っているのか」と問いただしたが、「分からない」「日本の本部に問い合わせて欲しい」としか答えなかった。

ここでピースサミットの取材は断念したが、せっかくなので「日本人の政治家は参加しているのか」とも聞いてみたが、「参加していない」（報道担当者）という回答。アメリカと違って日本の政治家には、自粛ムードが広がっていたようなのだ。

合同結婚式の二日前の翌五月五日も、取材規制（妨害）は続いた。この日は、ソウルへの玄関口である「仁川空港」で合同結婚式の参加者を出待ちした。統一教会問題を追い続けているジャーナリストの鈴木エイト氏と情報交換をしながら、空港ビル内を歩き回って集合場所を発見した。そして、バスに乗り込む信者たちを撮影しながら声かけ質問をしようとしたが、教団スタッフがカメラを手で覆ってくるなど露骨な妨害をしてきたのだ。

これに対して「合同結婚式で被害者が出ているじゃないか。人権侵害問題でしょう」と取材目的を説明しても妨害は続き、遂には警察に通報されて取り調べを受ける羽目にもなった。そして仕切られたスペースに連れていかれて警察官の事情聴取がスタート。警察官は韓国語しか話せないので日本語が話せる教団スタッフが通訳をして、「撮影は法律的にダメ」などと説明を受けた。空港内では個人情報保護の観点から動画撮影が禁止されているというのだ。仕方がないので動画を一部消去したことで短時間で解放されたが、合同結婚式参加者への聞き取り調査をすることはできなかったのだ。

●合同結婚式に潜入

合同結婚式と新施設披露式典が開かれた二〇二三年五月七日、ソウル中心部から約五〇キロの最寄り駅「清平」でタクシーに乗り、会場の「清心平和ワールドセンター」に向かうと、突然、道の両脇に大型バスがずらりと並んでいる光景が目に入ってきた。合同結婚式には世界各国から約二六〇〇人が参加し、うち約五五〇人が日本人。これに加えて、東京都内で約二五〇人の日本人がリモート参加していたことは後で知った。

タクシーを降りて敷地入口の方に歩いていくと、若い警備員に「日本のメディアは撮影できません」と言われたが、「日本人信者は入っている」などと主張して制止要請を無視、ここでは取材規制を突破することができた。アルバイトのせいかソウル市内での国際会議ほど厳しく妨害されることはなかったのだ。こうして付きまとわれることもなく、石造りの階段を駆け上がっていくと、そこが清心平和ワールドセンターの会場だった。

仁川空港などで行動を共にした鈴木氏に電話をすると、「目をつけられると付け回される。先に湖畔の教団関連施設に行くといい」とのアドバイスを受けた。そこで、ここでは合同結婚式場への突入など目立つ取材は控えて、会場周辺に立ち並んでいた屋台や眼下の人工湖（清平湖）の撮影だけに止めた。

報道関係者の取材を規制する一方で教団は、合同結婚式の模様を信者向けサイトで配信。創始者・文鮮明の妻である韓総裁が「天一国が目指す理想の家庭を完成させることを約束しますか」と問いかけて参加者が「はい」と答える場面や、韓総裁自身がマイクを握って祝福の歌を披露する場面も流していた。

午前一〇時からの合同結婚式に続いて、午後からは新施設「天苑宮」の奉納式（披露式典）が開かれた。坂道を歩いていくと、中年の女性信者が車に乗せてくれて、入口前に到着したが、ここでもスタッフが取材規制（妨害）。式典会場での取材はかなわなかった。

総工費五〇〇億円とされる天苑宮は、山中に現れる白い巨大な神殿だ。披露式典の様子も信者向けサイトで配信されたが、終了間際に花火が打ちあがる光景は外にいても確認できた。

教団関連施設の撮影をしている間にも新郎新婦の姿を見かけたが、カップルへの声かけ質問は後ですることに決めていたので、まずは、広大な敷地内にある教団関連施設を見て回ることに徹した。一見すると、湖畔のリゾート地にしか見えないが、そこには、二世信者の小川さゆりさんが一時期入院していた教団関連病院をはじめ、山上被告が自殺未遂をした時に母親が滞在していたとされる研修施設（教練場）――高額献金を促す説明文付きの金属プレート絵画が並んでいた――や、湖沿いのクルーズ船基地など関連施設がいくつもあった。湖畔周辺の山道をたどる巡礼コースも踏破しながら、一通りの写真撮影を終えた後、取材規制（妨害）リスクの高い新郎新婦への直撃取材を開始した。

タキシードとウェディングドレス姿の二人組を見つけては「合同結婚式の感想を一言」「日本では問題になっていますが」などと聞いていったのだが、意外なことに四組中三組が日本人同士のカップルだった。

「合同結婚式に参加する日本人女性の九割が韓国人男性と結婚」という情報を得ていたので、今回の合同結婚式では日本人同士のカップルの割合が以前よりも激増した可能性が高いことを実感した。

帰りのソウル行きのバスがなかなか来ないので施設内のバス停で一緒に待っていた日本人信者とタクシーの相乗りで最寄の「清平駅」に行くことになったが、同乗した日本人女子大生信者に合同結婚式について聞くと、こんな答えが返ってきた。

「今日、合同結婚式をあげた私の姉も相手は日本人です。『日本人女性の九割が韓国人男性と結婚』というのは一昔前の話ではないですか。今の合同結婚式は一定の交際期間を経て結婚するのですが、その間に断ることはできます。私の姉はいい出会いをすることができたと満足、ゴールインしたのです」

ここでも認識のギャップを目の当たりにした私は、「全く問題ない」と主張する女子大生に「ぜひ知って欲しい」と思って、カバンの中から冠木結心著『カルトの花嫁　宗教二世　洗脳から抜け出すまでの二〇年』を取り出して、大まかな内容を説明した。暴力的で酒浸りの問題多き韓国人男性と二度合同結婚式をあげた元日本人妻が、韓国での生活に耐え切れずに子供を連れて日本に帰国したという実体験をまとめた本だったが、それでも女子大生信者は「そういう話は最近聞いたことがない」と反論、溝が埋まることはなかった。

たしかに統一教会は最近になって「マッチングサポーター制度」に移行したとＨＰで説明。現在は、まず信者である両親や教会の担当者が相手を紹介、家族ぐるみの交際をした上で、最終的に合同結婚式に参加するのか否かを決めるプロセスになっていると強調していた。

実際、教団の聖地・清平で声かけをした三組の日本人カップルのうち、一組は「話すことはない」と取材拒否だったが、残り二組は「安倍元首相銃撃事件で統一教会問題が報道されましたが」などと聞いても、「合同結婚式に問題があるとは思っていません」とキッパリと主張。「何が問題なのですか」と逆質問をしてくる新郎もいた。

一組だけ日本人女性と韓国人らしき男性とのカップルを見かけたので声かけ質問をしたが、一言も答えてもらえなかった。

年上男性信者　おめでとうございます（英語）

韓国人らしき夫　ありがとうございます。

年上男性信者　マンセー（万歳）。

新郎新婦　マンセー（万歳）。

――今日の結婚式について一言

新郎新婦　無言のままバスに乗り込む。

――感想をお聞きしたい。

女性スタッフ　ここ私有地なので入ってもらったら困るのですが。

統一教会本部のある聖地・清平で開かれた合同結婚式に参加したカップル。

最初から最後まで取材規制（妨害）は徹底していたが、少ないながらも何組かのカップルへの取材で「日本人女性の九割が韓国人男性と結婚」という状況が変わっていることは実感した。ただ仮に冠木さんのようなケース（教義に縛られて日本人女性が問題のある韓国人男性に献身的に尽くす）が激減したとしても、一時代前に韓国人と結婚した日本人妻の人権問題が消え去るわけではない。

二度目の合同結婚式を挙げた冠木さんは、台所もトイレもないプレハブ小屋の借家暮らしを始め、極貧生活に耐える日々が続いたが、統一教会の原理講論にある徹底した教えに縛られていた当時を次のように振り返っていた。

「教祖（文鮮明）からは、『うら若き韓国の乙女を従軍慰安婦として苦しめた過去の罪がある』から、日本人は『どんな韓国人と結婚させられても感謝しなければならない』と言われ続けていました。私たちは日本人であることの罪を植え付けられ、どんな苦難も甘受しなければいけないと思わされていました。だから、ひたすら耐え

ていた」（二〇二二年九月二七日のアエラドットの記事）

韓国三大テレビ局「MBC」は銃撃事件の翌月、『PD手帳　安倍、銃撃犯そして統一教会』（二〇二二年八月三〇日放送）』という特集番組を放送したが、取材をした記者はこう話す。

「放送の二日後の九月一日、韓国在住の統一教会信者がテレビ局前で抗議集会を開きましたが、その参加者の多くが日本人妻だったと思います。ただ彼女たちの追跡調査が十分とは言い難い。何割ぐらいの日本人妻が現状に満足しているのか。離婚や帰国したい人がどれぐらいいるのかはよく分かりません」（担当記者）

MBC放送の『PD手帳　安倍、銃撃犯そして統一教会』については、その内容に加えて抗議行動直後に再放送したことなども含めて「横田一の現場直撃Ⅲ　亡国の国賊・安倍晋三——旧統一教会との癒着」の中で詳しく紹介した。そのお礼を兼ねてMBCを表敬訪問、自著を担当記者に手渡すと同時に、「抗議集会参加の日本人妻の追跡取材をした続編番組が放送されたかも知れない」と思って聞いて見たが、「何人かの日本人妻へのインタビューをまとめたようなPD手帳の続編番組はまだ制作されていません」（担当記者）とのことだった。

「旧統一教会で日本人妻七〇〇〇人が韓国に嫁いだのはなぜか」（二〇二二年一〇月号の『文藝春秋』）によると、合同結婚式で韓国人男性と結婚、韓国で今でも暮らす日本人妻は約七千人。このうち、冠木さんのように苦境に陥って離婚や帰国を望む人が一定程度いることは間違いないだろうが、その割合は分からず、困った時にアクセスできる相談窓口がどれくらい整備されているのかも不明なのだ。

短期間の韓国取材であったが、統一教会に対する日韓の認識ギャップを目の当たりにすることができた。その一方で、ほとんど韓国人男性と結婚していた時代の日本人妻の状況確認（追跡調査）や、相談窓口設置など救済制度整備もまだ途上であることも実感できた。しかも聖地・清平にある研修施設に日本人信者が滞在、高額献金に誘導していくシステムは今でも健在だった。批判を浴びた合同結婚式の形態が変わったとしても、日本人信者の高額献金など統一教会問題は消え去ったわけではない。今後も教団動向を追っていく必要があるのだ。

2　首相秘書官は嫌ＬＧＢＴが条件？　教団関係議員の落選を目指すヤシノミ作戦

自民党と統一教会との関係が断絶されたと言い難いことを物語る〝事件〟が発覚した。岸田首相の最側近である荒井勝喜・首相秘書官が同性婚反対の暴言を吐いて更迭されたのだが、いまだに岸田政権が統一教会の影響下にあることが垣間見えたのだ。

発端は、立憲民主党の西村智奈美・代表代行（当時）が二〇二三年二月一日の衆院予算委員会で同性婚の法制化を迫ったのに対し、岸田首相が「家族観や価値観、社会が大きく変わってしまう課題」「極めて慎重に検討する」と否定的な答弁をしたことだ。その真意を記者団に問われた荒井氏が二月三日、「見るのも嫌だ」「秘書官室もみんな反対する」「同性婚を認めたら国を捨てる人が出てくる」とオフレコで述べたことが更迭につながったのだ。

●ＬＧＢＴ嫌いの自民党と統一教会

　この時に岸田首相は「政権の方針とは相いれない発言で言語道断」と批判したが、暴言が飛び出すまでの経過を振り返れば、首相の本音を荒井氏が代弁した可能性が極めて高い。その後の野党の追及で発した「社会が大きく変わってしまう」という首相答弁は想定問答の中にはなく、本人のアドリブであったことが判明したからだ。スピーチライターであった荒井氏が盛り込んだのではなく、岸田首相が自らの考えを口にしていたのだ。

　しかも岸田首相は、同性婚法制化に否定的な答弁を撤回せず、法制化賛成に方針変更することもなかった。その代わりに政権が提出の準備を始めたのがＬＧＢＴ理解増進法案。二〇二一年に与野党の全会一致で成立を目指そうとしたが果たせず、自民党内で異論が噴出して未提出のままだったが、そんな店ざらし状態だった法案を更迭後、急きょ持ち出そうとしたのだ。

　これに対して立民の泉健太代表は二〇二三年二月一〇日の会見で「（理解増進法案は）本当にもう入口の入口だ。入口に入って終わりということは絶対にあり得ない」と釘を刺し、あくまで「出口（同性婚の法制化）」を目指すべきと強調したのだ。

　首相秘書官更迭に触発される形で自民党内からも異論が出始め、選択的夫婦別姓の問題にも飛び火した。二〇二三年二月七日の読売新聞は、最近鳴りを潜めていた小泉進次郎・元環境大臣の発言を以下のように紹介した。

「小泉元環境相は首相が打ち出した『異次元の少子化対策』に触れ、『多様な価値観生き方を否定する発想では〝異次元〟の政策にならない。選択的夫婦別姓導入に踏み込むくらいの政策転換が必要』と指摘した」

こうして通常国会では、家族観をめぐる問題（選択的夫婦別姓導入やLGBT理解増進法案や同性婚法制化）が関心を集め、与野党激突のメインテーマに急浮上したのだ。臨時国会では旧統一教会の被害者救済法案をめぐる与野党攻防が繰り広げられたが、通常国会では同性婚が政治課題として急浮上したのだ。

しかも旧統一教会問題再燃の火種にもなった。二〇二三年二月七日の毎日新聞は「党内ではLGBTQや同性婚の制度化に慎重な主張をしてきた世界平和統一連合の問題も尾を引いており、党幹部の一人は『（LGBT理解増進）法案の議論が紛糾すれば、教団問題が再燃しかねない』と懸念している」と指摘。ちなみに同性婚反対を声高に訴えたのは荒井氏だけでなく、安倍元首相秘書官だった井上義行参院議員（安倍派）も同じだった。

自民党全国比例で再選を果たした井上氏は二〇二二年七月六日、旧統一教会の支援集会で「井上先生は食口（信者）になりました。私は大好きになりました」と幹部に紹介された後、「私は信念を持って同性婚反対を言っていますから！」と訴えていた。最後の「投票用紙二枚目は井上義行！」と連呼する場面を民放各局が紹介することが多かったが、その直前に同性婚反対を訴えていたのだ。

安倍政権と岸田政権の二人の首相秘書官がそろって同性婚反対だったのはなぜか。旧統一教会とズブズブの関係を続けてきた歴代自民党政権が、古い家族観に固執し続けてきた産物に違いない。二〇二三年二月六日生配信のネット番組「横田一の現場直撃」で、「首相秘書官嫌LGBT?」と銘打って更迭問題を取り上げ、冒頭で井上参院議員支援集会の音声と写真(『横田一の現場直撃　亡国の元首相安倍晋三』参照)を再紹介したのはこのためだ。

すると、二日後の二月八日の日刊ゲンダイが追いかけてくれた。「岸田政権〝差別思想〟の背景に旧統一教会の影…『LGBT理解増進法案』成立は前途多難」という見出しで、私が撮影した集会写真を掲載、次のように解説したのだ。

「なぜ自民党はここまでLGBTを毛嫌いするのか。その背景にチラつくのが、自民党と蜜月関係にある旧統一教会(現・世界平和統一家庭連合)の存在だ。『同性婚反対』は教団が掲げる重要な運動方針の一つなのである。旧統一教会系の政治団体『国際勝共連合』は公式HPに〈同性婚合法化、行き過ぎたLGBT人権運動に歯止めをかけ、正しい結婚観・家族観を追求する〉と明記。選挙支援を受けた『教団ズブズブ』の井上義行参院議員の行動は分かりやすい。昨夏の参院選の最中に教団の集会で『私は同性婚反対を、信念を持って言い続けます!』と声を張り上げて支持を呼びかけていた」

この記事が出た四日後の二〇二三年二月一二日、TBS系「サンデーモーニング」も「秘書官更迭…LGBT差別に岸田政権は?」と名付けたコーナーで同性婚反対の井上参院議員の音声を紹介した。

こうして秘書官更迭を機に、同性婚法制化や選択的夫婦別姓導入に反対する古い家族観を共有する自民党と旧統一教会との関係が再び注目を集めることになった。教団関係閣僚の交代で通常国会での追及は下火となったものの、再び燃え広がったともいえる。LGBT差別問題でも安倍派のイエスマンであり続けるしかない岸田首相の惨めな姿が可視化されることになったのだ。

●ヤシノミ作戦スタート

しかし、古き家族観に囚われる〝安倍背後霊内閣〟のような岸田政権に対抗する動きがスタートしていた。サイボウズ（株）の青野慶久社長が二〇二一年の総選挙で仕掛けた落選運動「ヤシノミ作戦」のことだ。選択的夫婦別姓や同性婚を進めない政治家をヤシノミのように落とすことで、制度の早期実現を目指す活動だ。

これを高く評価したのが、ポールトゥウィンホールディングス（株）の橘民義会長。二〇二二年一二月一〇日の第四回「武蔵野政治塾」（政治に復活の息を吹き込むことなどを目指す政治塾）で両者は対談。同塾の事務局長でもある橘氏が「この人を落とそうという発想が自由」と切り出すと、青野氏はこう説明した。

「いま世論調査をしたら七～八割が選択的夫婦別姓に賛成です。残りが反対。若い世代はほぼ賛成。なぜ政治家は変わらないのか。自民党の一部の国会議員が強硬に反対しているので、この問題が進められないいってことがわかったのです。じゃ、そいつを落とすしかない。そこで反対している人をリストアップしました」

そして質疑応答でも青野氏はこう補足した。「今、統一教会の応援で当選して頑なになっている人がいるので、それはさすがにおかしいでしょうということで、国民として落としていかないといけない。『こいつに入れてはいけない』というところを頑張るべきだと思います」。

安倍元首相銃撃事件で自民党と統一教会のズブズブの関係が知れ渡ったことで、ヤシノミ作戦が広がっていく可能性は十分にあった。この時点では国政選挙は最大で三年近くないことから岸田政権にとって「黄金の三年間」になるとも言われていたが、地方議員や自治体トップを決める二〇二三年四月の統一地方選が迫っていた時点での落選運動の提案だった。しかも統一地方選挙は天王山の次期総選挙に向けた前哨戦のような意味合いも持っていた。古い家族観を持つ〝統一教会応援議員〟は国会議員だけでなく地方議員にもいて、国会議員の実働部隊となる地方議員を落選させれば、来るべき国政選挙で同性婚法制化や選択的夫婦別姓導入に反対する国会議員を減らすことにつながるという波及効果が期待できたのだ。

また〝統一教会応援議員〟が最も多い安倍派には、安保三文書（防衛費倍増や敵基地攻撃能力保有）や原発回帰にも賛成している国会議員が相対的に多い。だからこそヤシノミ作戦は、安倍元首相が進めようとした未達課題を引き継ぐ岸田政権（首相）の暴走にストップをかける有力な手段になりうる。日本会議や井上議員を支援した統一教会がパワフルな選挙支援を展開、安倍派が自民党最大派閥であることに貢献してきたが、そんな議員を落とそうとする〝草の根落選運動〟が始まったのだ。軍拡反対や脱原発を訴える人たちが結集する旗印となることができるのは言うまでもない。

ヤシノミ作戦を実践する動きも始まっていた。埼玉県所沢市では、市民団体「所沢市民が手をつなぐ会」が現職市議のアンケート調査を行い、その結果を記者会見で発表もした。旧統一教会との関係に関する設問に未回答だったのは三名。その一人である入沢豊市議（自民党）が過去のツイッター動画（現在は削除）がネット上で視聴可能となっていた。統一教会問題の発信を続けている「壺のメシ屋」が、統一教会を称賛しているスピーチ動画を公開していたのだ。タイトルは「『神統一世界安着のための神日本第一地区希望前進礼拝』孝情スピーチ」（二〇二一年二月七日）で、この動画の中で入沢氏は次のように語っているのだ。

「昨年二月にはワールドサミットに参加をさせていただきました。まるで世界が一つになったような感激に浸りながら、いったい世界平和統一家庭連合とはどういうところなのだろうと。華やかな部分だけではなく、その教えや中身についても知りたいと純粋に思いました。そこではじめに真のお母様ハン・ハクチャ（韓鶴子）総裁の『平和の母』を拝読しました。また昨年は秋以降、統一原理を学ばせていただいております。九月と一月には初級二日セミナーに参加をしました。実は昨日から中級二日セミナーを受講しています。一一月にはバウ・リニューアルという祝福式に同席をさせていただきました。

祝福結婚をする夫婦が増えれば、世界中のいさかいや不幸の大半が無くなります。そのような奇跡を起こす力があると私は信じます。私も将来、祝福を受けられるように頑張って学んでいきます。皆さん、統一原理、そして祝福結婚を一人でも多くの方に知っていただくため、活動しようではありませんか。ありがとうございました」

このスピーチ動画を削除してアンケート調査にも未回答の入沢氏は、統一教会との関係について語らないまま市議選に臨もうとしている姿勢のように見えた。そこで二〇二三年三月二九日、入沢市議を直撃して統一教会を称賛する動画について聞くと、「頼まれてリップサービスでやっただけ。台本が決まっていて読んだだけ。韓国も文鮮明も嫌い」と答えた（囲みに直撃内容の全文。次頁の通り）。

なお入沢市議は翌四月の統一地方選で再選を果たし、一一月の所沢市長選にも現職の藤本市長の応援に駆け付けてマイクも握ったが、演説後に再び直撃すると、すぐに背を向けて立ち去ってしまった。

全国霊感商法対策弁護士連絡会（全国弁連）は二〇二三年三月一八日の集会で、統一地方選にむけて統一教会との関係を断つよう求める声明を採択した。各政党や議会に第三者委員会を設置して、教団と議員との接点などについて有権者に情報提供することも要望した。岸田政権（首相）は自民党地方議員と統一教会との関係調査に消極的で、各地の県連任せであることが国会でも追及されているが、こうした情報不足状態を解消しようとする動きが広まりつつあるのだ。

＜所沢市役所で入沢市議を直撃（二〇二三年三月二九日）＞

——（名刺を差し出した後）統一教会問題を取材して。

入沢市議　あれね。

——スピーチ動画。

入沢市議　あれね。ちょっと。録音とかそういうのは困るので。

——こういう（スピーチ動画の画面印刷文書を差し出して）オープンになっているので、一言（お願いします）。

入沢市議　（印刷文書を手に取って見た後）私も困っている。写真とか止めてもらえますか。

――なんですか。

入沢市議　写真だったら。

――釈明をして。

入沢市議　あれね。私ね、基本的にいろいろな宗教に入っていて、真光から何やに入っていて、これはね、中でね、単なる、中でね、まあ、「やってくれ」と言われて（スピーチを）やっただけの話で、私、信じても何にもないから。

――（スピーチを）信者向けにやってくれと言われて。

入沢市議　そうそう。そうなのですよ。台本が全部決まっていて、中の話で。こんなの表に出て困っているのですよ。

――でも（旧統一教会に関する）市民団体のアンケートで未回答で。

入沢市議　そんなの、あんなの出して来たら出せないもの。私は正直言っていろいろな宗教に入っています。それで、（スピーチを）頼まれてやっただけなので、私は信者でも何でもないから。

――（スピーチの）内容については否定なさるのですか。

入沢市議　当たり前じゃないか。韓国は嫌いなのだから。韓国は嫌いなの、俺。

――嫌いなのですか。

入沢市議　大嫌い。こんなの表に出なくて、まあちょっとだからリップサービスでちょっとやっただけだから。

――本心と違うことを（話したと）。

入沢市議　当たり前じゃない。文鮮明とか嫌いだから。

――嫌いなのに（称賛したのか）

入沢市議　こういう仕事をしていたらリップサービスで言うから。だから、こんな――。文鮮明とか嫌いだから。

――セミナーにも参加されていた。

入沢市議　頼まれて、それはちょっと中身がどんな教義かと思って見ただけよ。あんな教義なんかバカみたいな教義。でも面白いなと思った。なんで面白いかと言ったら、よく考えているなと思って。

――それで（スピーチで）すごく絶賛をされて。

入沢市議　全部台本が決まっていて、読まされただけだから。表に出ないから、遊びでやっただけ。

――遊びですか。

入沢市議　こんな、おかしいでしょう。表に出て来て。

――（三月二二日にアンケート調査結果を発表した市民団体の）記者会見でも市民団体がこれ（スピーチ内容）を示して説明した。（旧統一教会との関係について）釈明しないのですか。

入沢市議　しない、しない。こういうのは嫌いだから。もう、こういうの嫌だから。もう、そういうのは全然、正直、タッチしないから。嫌い。そういうことはやらないの。嫌いだから、もう本当に止めてもらえますか。もう本当に嫌いだから。見るのも嫌だから。

――自民党からの調査は全然ないのですか。

入沢市議　もう一切関わらないから。

――関係を断絶するのですか。

入沢市議　もともとみんな関わっている。みんな（旧統一教会の施設に）行ったりしているのだから。

――他の未回答の三人の方もそうだと。（同じ自民党市議の）石原さんと佐野さんも。

入沢市議　だってうちの議長だって行っているし。

――藤本市長も。

入沢市議　藤本市長も行っているしね。

――みんなズブズブの関係じゃないですか。

入沢市議　ズブズブじゃない。呼ばれたら行くのだからね。ただ、それだけ。普通はあまり関わらないのだけれども、面白、可笑しく。もう撮っているのでしょう。あなたね、どういう人か知らないけれども、もう嫌いだから。こういうあれは。

――統一教会問題をずっと取材して、例の井上義行参院議員の集会を紹介したものなのですけれども。

入沢市議　これ撮って。いやもうちょっと。

――オープンな場で「こういう事情でした」と説明した方がいいのではないですか。

入沢市議　いやいやいや。申し訳ないけれども。嫌いなので。文鮮明も嫌いだから。韓国も嫌いだから。（控室から立ち去る）

第4章　安倍背後霊内閣こと岸田政権の暴走

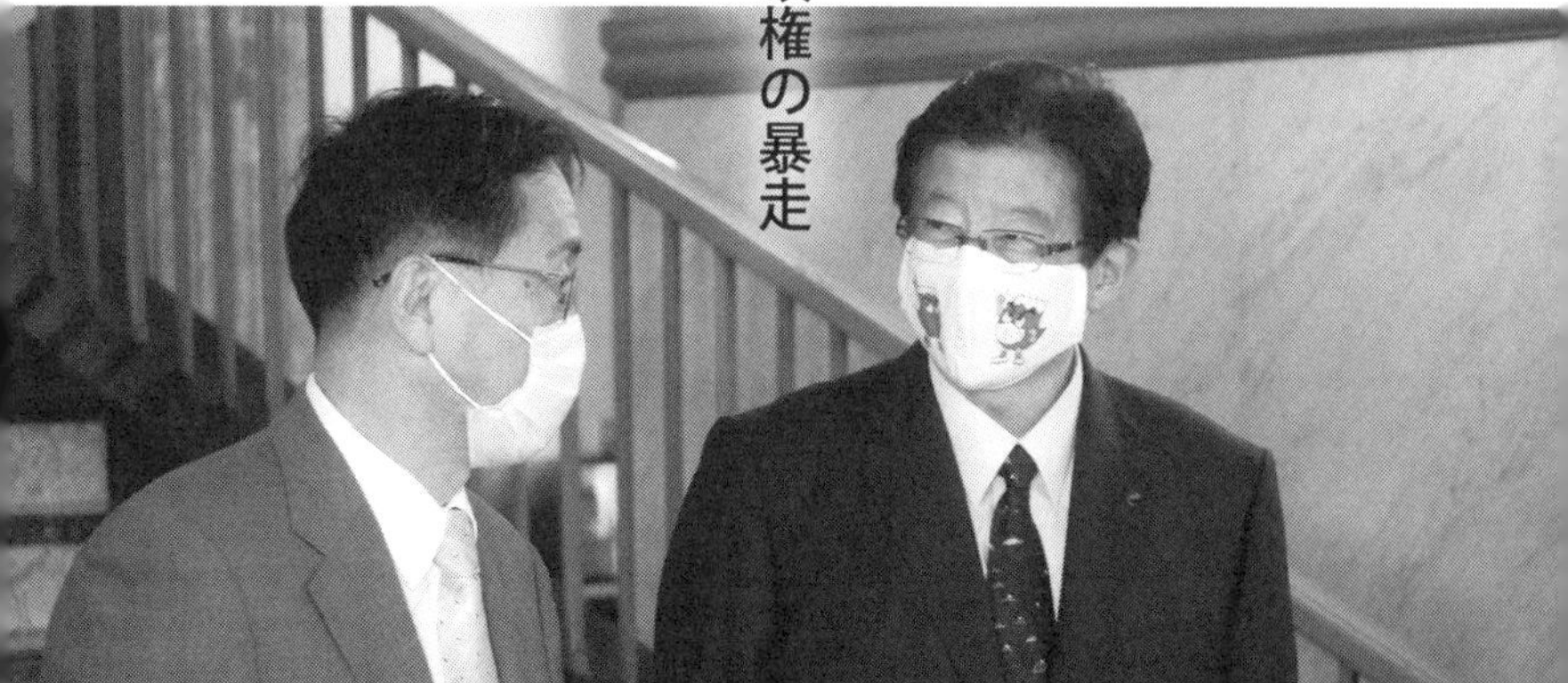

大井川の水と南アルプスの環境を守るためにJR東海や国と対峙してきた川勝平太知事（当時）。2020年6月にはJR東海の金子社長（当時）と面談をするもトンネル工事着工は認めず。

1 汚染水（処理水）放出ゴリ押しの岸田政権に維新が同調

処理水（汚染水）放出問題で愛国者面した国益毀損論者（〝国賊〟）が大手を振って歩き始めた。「日本の魚を食べて中国に勝とう」と銘打った意見広告を二〇二三年九月六日と七日の全国紙に出した「国家基本問題研究所」の櫻井よしこ理事長らのことだ。その直前に、国産魚の国内消費拡大に向けた国民運動を発表した岸田政権に呼応した動きで、中国政府の禁輸を「科学的根拠の一切ないひどい言いがかり」とした上で「日本人はこんな不条理には屈しません」と宣言、次のように呼びかけていたのだ。

「中国と香港への日本の水産物輸出は年間約一六〇〇億円です。私たち一人ひとりがいつもより一〇〇〇円ちょっと多く福島や日本各地の魚や貝を食べれば、日本の人口約一億二千万人で当面の損害一六〇〇億円をカバーできます」

岸田政権とその別動隊のような櫻井氏らの狙いは一目瞭然だ。中国への反感をあおる国民運動の展開で、日本政府の愚かな選択で水産業に大打撃を与えた現実（不都合な真実）に目が向かないように世論誘導、「なぜ海洋放出より安上がりな代替案を採用しないのか」と責任追及をされるのを避けようとしているのだ。

国民の多くが「鬼畜米英」と叫びながら無謀な太平洋戦争に突入した戦前と同様、「中国に勝とう」

が合言葉の現代版ナショナリズムもまた、国益を毀損する弊害をもたらす。悪貨が良貨を駆逐するかのごとく、経済合理性に優れた政策選択（正論）の存在をかき消し、冷静な国民的議論を阻む要因になってしまうからだ。

●「海洋放出が一番高くつく処理方法」

「海洋放出が一番高くつく処理方法であることはすでにハッキリしていると考えます」

こう記者会見で断言したのは、原発訴訟の第一人者である河合弘之弁護士。アルプス処理水（汚染水）海洋放出の差し止めを求めて国と東京電力を提訴した二〇二三年九月八日、原告ら約五〇人と共に河合弁護士は「海を汚すな」などと書いた横断幕を掲げて福島地裁にまでデモ行進。提訴後の集会では、広田次男弁護士らと裁判の意義や訴状の内容などを説明した後、続く質疑応答で「海洋放出による漁業被害額に比べて原発敷地内へのタンク設置などの代替案の方がはるかに安いのではないか」という私の質問に対して、河合弁護士は次のように答えたのだ。

「初めは（政府は）『（海洋放出は）三十数億円で出来るから海洋投棄が一番安上がりなのだ』と言っていたのは全く嘘だ。中国が輸入停止することだけによっても数百億円（の損害）、ずっと長くなれば、数千億円の損害になると思うが、これも海洋投棄のコスト、もしくは損害だと思う。だから一番高くつく方法が海洋投棄なのだということになると思う」

海洋放出前日の二〇二三年八月二三日にいわき市で開かれた差止訴訟予告会見でも、河合弁護士は原発敷地内にデブリを置く予定エリアがあることを紹介、「デブリ取出しは三〇年以上も先だから、そこを新たなタンクの設置場所にすればいい」と説明、具体的代替案を示していた。この発言を受けて私は、九月八日の提訴後会見で関連質問をすると、「一番高い方法を選んだ」と岸田政権を一刀両断にする回答が返ってきたのだ。

狂気の沙汰とはこのことだ。自国の水産業に莫大な損害を与えないで済む代替案があり、しかも海洋放出より安上がりなのに、岸田政権は一番高くつく方法を選択していたのだ。「合理的思考能力の喪失」「危機管理（予測）能力の欠如」が招いた愚行としか言いようがないが、その選定過程もいい加減だった。

経産省の「多核種除去設備等処理水の取扱いに関する小委員会説明・公聴会 説明資料」を見ると、二〇一八年当時に海洋放出を含む五つの案が示され、その中で海洋放出は最も安い一七億円〜三四億円だった。要するに、この安さを理由に選ばれていたのだ。しかし選考後、海底トンネルや送水管などの設備工事に約四〇〇億円も追加で投じることになり、これに水産業への支援（約一〇〇〇億円）も加わった。合計で約一四〇〇億円にまで膨らむことになったのだ。

海洋放出の決定過程に目を向ければ、愚かな選択をした岸田政権がするべきことは明らかだ。海洋放出を即時中止にした上で、原発敷地内へのタンク設置など代替案検討を進める方針転換が不可欠なのだ。国益に適った合理的選択ともいえるが、実際は真逆の方向に突き進もうとしていた。「日本の魚を食べて中国に勝とう」と銘打った意見広告に呼応しながら全面禁輸を決めた中国への反感を煽り、自らの失敗（愚行）を国民運動で穴埋めして責任転嫁を目論んでいるとしか見えないのだ。

かつて〝原子力ムラ〟（経産省や電力会社など）に異論を唱えていた河野太郎・デジタル担当大臣も、合理的政策決定能力に欠く岸田政権の方針に迎合していた。二〇二三年八月二五日の会見（リモート）では他の閣僚と同様、「中国は非科学的で政治的だ」と批判して足並みをそろえていた。この発言を受けて私は八月二九日の会見で、「東電の敷地の中にはデブリを置くスペースがあって、そこにタンクを置けば放出しなくて済む代替案を検討しないのは岸田政権の怠慢ではないか」『〝原子力ムラ〟の言いなりではないか』という批判もあるが、かつて〝原子力ムラ〟に物を申した河野大臣はどこに行ってしまったのか」と皮肉を込めた質問をしたが、河野大臣は「経産大臣に聞いて下さい」としか答えなかった。そこで「政権を支える立場としてどう考えるのか」と畳みかけたが、リモート会見なので音声が届かない「ミュート」にすぐに切り替わり、私の再質問が河野大臣の耳に届くことはなかった。

処理水（汚染水）放出の担当であった西村康稔・経産大臣（当時）も直撃、声掛け質問をした。二〇二三年九月二日に岩手県宮古市を訪れた西村氏は、魚市場食堂で地元産の養殖トラウトサーモンやマダラの刺身など特別メニューを試食しながら、大井誠治・県漁連会長ら幹部と面談。「風評やフェイク情報に負けないという強い決意で水産業をしっかり応援していきたい」と述べた。

しかし面談前に直撃した大井会長は、「処理水放出は時期尚早」「説明不足」と語っていた。そこで私は、面談や視察を終えて車に乗り込む西村大臣に向かって、大声を張り上げ続けた。「西村大臣、日本の漁業を潰すのか。他にやり方があるではないか。原子力ムラの言いなりか。タンクを置くスペース、あるではないか。職務怠慢ではないか。もう被害が出ていますよ」。

しかし西村大臣は一言も発することなく、車で走り去った。向かった先は盛岡駅前。岩手県議選の最終日であったため、応援演説をする日程も組まれていたのだ。

そこで宮古発盛岡行の高速バスに乗り込んで、駅前での街宣を終えた西村大臣を再び直撃、「処理水放出で日本の漁業をつぶすのか」と声掛け質問をしたが、西村大臣は「はい、はい」とつぶやくだけ。畳み掛けるように「（海洋放出以外の）他に案があるではないか。怠慢ではないか。まだ（原発内に）敷地が空いている」「（漁業の街でもある）明石出身とは思えない言動をしているではないか」と声掛けを続けたが、西村大臣は無言のまま立ち去るだけだった。

●聞く耳を持たない西村大臣

聞く耳を持たない西村大臣の姿勢は放出前から同じだった。宮城県漁業協同組合と福島、岩手、宮城の三県の生活協同組合連合会は二〇二三年七月七日、汚染水の海洋放出に反対する署名約三万三〇〇〇筆を東京電力と経産省に提出した。既に提出した分を合計すると約二五万四〇〇〇筆にもなる署名には、海洋放出されると震災復興の努力が水泡に帰すことを強調しつつ、国民の理解が得られる別の方法での処理を求めてもいた。

提出行動に参加した福島県生協の吉川毅一顧問は、「国民的な理解や国際社会の理解醸成、安全性の担保が十分にないまま進められれば、科学的に安全とされているものでも、新たな風評被害など地域に影響が出る」と指摘したが、署名を受け取った経産省職員は「（海洋放出は）先延ばしできない課題」と反論。今夏の放出にこだわったのだ。トップの西村大臣の強行姿勢が職員全体に浸透していたともいえるが、四日後の二〇二三年七月一一日に福島県漁連の会合に出席した西村大臣も終了後の会見で「今夏に海洋放出する政府の方針に変わりはない」と明言したのだ。

「反対署名に目を通したのか」と疑いたくなる大臣発言を受けて私は、「風評被害はもう起きている」と銘打った東京新聞の記事内容を紹介しながら、「今夏に放出すると、風評被害は確実だと。『処理水放出後の海産物は買わない』と海外の取引先の声もあって、このまま今、放出をすると地元の漁業に大打撃を与えて、復興の足かせになるのではないかというふうに考えないのか」と問い質すと、西村大臣は次のように答えた。

「今日も非常に大きな不安、大きな懸念の声を聞きました。私の地元、兵庫県明石市と淡路島は水産業、漁業が盛んなところで、地元の漁業関係者の方々からも、風評に対する強い懸念を聞いている。そうした中で今日、さらに強い声を聞いたので、皆さんの懸念に寄り添いながら、対応をしなければならないと改めて今日強く感じた。今日も、風評が万が一出た場合の対策について説明をしたが、『販路開拓をしっかりとやってくれ』とか、あるいは『消費者に対してもしっかりと安全性について説明して欲しい』という強い声もいただいた」

「できる限り、漁業者の皆さんに使い勝手のいい仕組みで、（風評被害に）支援がしていけるように考えている。海外に対してもＩＡＥＡ（国際原子力機関）の報告書であるとか科学的根拠に基づいたデータも示しながら安全性について丁寧に内外に説明をしていきたいと考えている。風評対策に全力をあげていく決意で臨んでいきたいと思っている」

質問で一部引用した東京新聞の記事が出たのは二〇二三年七月四日。海産物の養殖加工販売「マルキ遠藤商店」(宮城県石巻市)の苦境を、社長の声を通して次のように伝えていたのだ。

「(ホヤの米国輸出について社長は)『来年はどれだけ注文が取れるか分からない…』と苦悩の表情を見せた。実は四月、米国の取引先から『今年の注文は、水を流す前のものでお願いします』と言い渡された」

悪影響はホタテにも出ていて二〇二三年に入って出荷量は激減。輸出先を失ったホタテが国内市場にあふれ、価格が暴落しているというのだ。

こうした被災地の漁業関係者に西村大臣(当時)は寄り添っていたとは言い難い。説明ぶりは丁寧でも、その中身は札ビラで漁業関係者の頬を叩いて放出を認めさせようとするものだ。そこで、「(安全の説明をしても)海外への『安心』が十分に確保されていないのに放出をしたら(風評)被害が出るのは当たり前ではないか。(今夏の放出は)時期が早すぎるのではないか。なぜ諸外国の安心を得られるまで待たないのか」と再質問をしたが、それでも西村大臣は「私共として丁寧に説明をしていきたいと考えている」と答えるだけ。

そこで「地元の漁業を潰すつもりなのか。復興の足かせになると思わないのか」とも聞いたが、「漁業者の皆さんが生業をずっと継続していけるように、責任を持って取り組む」という絵空事のような回答で逃げを打った。反対署名に記載されていた「放出以外の代替案検討」に触れる発言は皆無だったのだ。

中国や韓国など諸外国からの理解が不十分なまま海洋放出を始めれば、風評被害が出るのは明らかだった。反対署名提出に立ち会った宮城生協理事の林薫平准教授（福島大学）は「この夏に放出するのは時期尚早。もっと国民的な議論をすることが必要」と訴えていた。二〇二三年七月一一日には「復興と廃炉の両立とALPS処理水問題を考える福島円卓会議」（林氏が事務局長）が設立、復興に取り組む関係者が議論を開始してもいた。それでも岸田政権（首相）は復興を台無しにしかねない海洋放出を強行、中国の全面禁輸を招いて日本の水産業に大打撃を与えたのだ。

「愚かな選択をした」と批判が集中しても不思議ではない岸田政権に助け舟を出したのが、「第二自民党」を自称する日本維新の会だ。二〇二三年九月一五日に東北応援イベントを都内で開いた。青森・岩手・宮城・福島・茨城の各県に一〇〇〇万円（合計五〇〇〇万円）を寄付する一方、福島県産などの魚や肉料理などを食べながら馬場伸幸代表は、処理水を汚染水と呼んで海洋放出中止を求めている共産党を「ひどい言い方で処理されている水や魚のことをねちねち言っている」と批判したのだ。「税金の無駄撲滅」が看板政策のはずの維新が、海洋放出中止で莫大な税金投入を阻もうとする共産党に同調せず、一番高くつく海洋放出を選んだ岸田政権を援護射撃する側に回ったのだ。言行不一致で支離滅裂な政権補完勢力と言われても仕方がない。

維新共同代表の吉村洋文・大阪府知事も意見広告を出した櫻井氏と同様、岸田政権別動隊のようなキャンペーンを始めた。福島県産の魚を都道府県庁の食堂で出すことを全国知事会で提案し、大阪府庁の食堂で「福島応援定食」の提供を始めたのだ。

そこで二〇二三年九月六日の会見で私は、処理水放出の被害は福島だけでなく北海道のホタテなど全国に広がっていると指摘した上で、敷地内にタンクを置くなど代替案があるのに岸田政権が海洋放出に踏み切ったことについて聞いてみた。吉村知事の回答は「復興のために必要」「安全基準値以下にして放出するプロセスを経ているから適切かと思う」と政権に同調。そこで「『科学的に安全』と言っても中国など諸外国は安心感が不十分で、水産業が打撃を受けている。だとすれば、（放出以外の）他の案を検討するのも十分妥当性があると思うが」と再質問をすると、「横田さんは中国の考え方が正しいと思っているのか」と逆質問をしてきた。

問題のすり替えにしか聞こえなかったので「中国が買ってくれるから日本の水産業者も儲かる。その打撃になるようなことを避けるのが日本政府、（岸田）政権の役割ではないかと思うが」と質問の主旨を補足説明したが、それでも吉村知事は同じ逆質問を繰り返し、「僕の質問に答えないのだったら僕は横田さんの質問には答えない」と駄々をこね始めた。

これに対して私は「いま問題なのは日本の水産業が打撃を受けていることで、『中国がケシカラン』とか言っても問題の解決にはならない。それを避ける方法を考えた方がいい」と質問の主旨を再び伝えたところ、しばらく平行線のやり取りが続いた後、ようやく吉村知事が「中国の禁輸の被害者を支援するのは必要」「中国に依存しすぎるのではなくて、カントリーリスクがあることを前提にして、いろいろな輸出先の確保にいま取組むべきだと思う」と答えた。

馬場代表も吉村共同代表も結局、岸田政権の愚行を批判して方針変更（代替案検討）を迫るといった野党的対応はせず、政府の失敗を国民運動で埋め合わせるという与党的対応に終始したのだ。維新の看板政策「税金の無駄撲滅」はお題目にすぎず、一番高い海洋放出を選んで国益を毀損した岸田政権をひたすら下支えする政権補完勢力の本領を発揮したともいえる。

「戦前は鬼畜米英、今は反・中国」という違いはあるが、排外主義的ナショナリズムを煽って政府の望む方向に国民を誘導しようとする手法は今でも横行しているのだ。処理水（汚染水）放出問題は、愛国者面した国益毀損論者（〝国賊〟）が政権与党や保守論壇や第二自民党こと維新などで勢力拡大をしつつある現実を物語っているようにみえる。

2 セキュリティクリアランス（産業版特定秘密保護法）に邁進の高市大臣

「岸田首相を操る高市早苗・経済安保担当大臣こそ〝影の首相（実質的な決定権者）〟ではないか」という疑問が湧き上がって来たのは、官邸で経済安保推進会議が開かれた二〇二三年二月一四日。国家機密を扱う資格者を認証する「セキュリティクリアランス（SC、適格性評価）」の制度化についての議論が行われ、岸田首相は「同志国との円滑な協力のために重要で、産業界の国際的なビジネス機会の確保・拡充につながる」と制度化の意義を強調、こんな指示を出した。

「SC制度の法整備等に向けた検討を進める必要がある。高市大臣は制度のニーズや論点等を専門的な見地から検討する有識者会議を立ち上げ、今後一年程度をめどに可能な限り速やかに検討作業を進めて下さい」

この内容は同日、「機密資格で有識者会議設置　首相指示」（産経新聞）や「安保上の機密扱う資格、法整備へ検討指示」（日経新聞）と銘打って伝えたが、三日前の高市大臣の記念講演を聞いた私の印象とは食い違っていた。メディアは「高市大臣に指示した」と報じたが、実際は「岸田首相が指示するように高市大臣が働きかけた」としか見えなかった。建国記念日の二〇二三年二月一一日、日本会議広島福山支部主催の集会で高市大臣は次のように発言していたのだ。

「いま私が突き当たっている壁として、ようやく去年の年末あたりに、広島出身の岸田総理が『これだったら仕方がないのかな』と少しずつ心を動かしていただいたのですが、ただ昨日（二〇二三年二月一〇日）もお話したのですが、あまり積極的ではない印象を受けたのですが、セキュリティクリアランス（SC）。この制度をどうしても作りたいのです。これ、広島県で世論を盛り上げていただけませんか。私はもう大臣になった限りは、これを実行しなければ、制度を作らなければ、死んでも死に切れない」

慎重姿勢の岸田首相を突き動かす世論喚起を集会参加者に呼びかけた高市大臣は、安倍元首相が成立させた特定秘密保護法の〝産業版〟がSCという説明をしていった。

「SCは何かと言ったら、国が持っている非常に重要な情報。産業情報、技術情報を含めて、そういう情報を含めて指定して、その情報に接する人に対して資格を与える制度です。だから現状、似たような制度があるのは、安倍総理が本当に大変な反対運動の中で苦労して作られた特定秘密保護法だけなのです」「岸田総理の説得も続けて参りました。やはり総理が心配している気持ちもとてもよく分かります。統一地方選挙も控えている。以前、特定秘密保護法を作る時にやはり反対運動はありました」。

岸田首相の慎重姿勢を読み解きながらも高市大臣は、こんな決意表明で講演を締め括った。

「SCだけはやり遂げないと、打たれ強くて鈍感力だけが売りの私が、何のために経済安全保障担当大臣になったのかが分からない。早く、公式に岸田総理からキックオフのご指示をいただいて、その上で可及的速やかに法律案にしたいと思って、下ごしらえの準備だけは今まで一生懸命やってきた。(法案提出をしたら野党が) また国会でバンバンバンと来ると思うが、何を言われてもこたえる人間ではないので、一生懸命やらせて欲しいと思っている」

並々ならぬ覚悟を口にした高市大臣に対して、会場を埋め尽くした約五〇〇人の参加者から拍手が沸き起こり、司会者も高揚感あふれる声で最大限のエールを送った。「ロシアのウクライナ侵攻や中国の脅威など日本を取り巻く国際情勢が不安定な中、安倍元総理が凶弾に倒れられました。深い悲しみの中、私たち国民は高市先生のような新たな政治のリーダーを心待ちにしておりました。私達も先生と志を同じくして、活動をして参りたいと思います!」。

そして高市大臣に花束贈呈が行われた後、最後は万歳三唱だった。発声者が登壇して「祖国日本の繁栄と平和。皆様のご多幸を祈願いたしまして万歳」と叫ぶと、全員起立した参加者が「万歳」と呼応するやりとりが三回繰り返され、高揚感と共に集会は終了した。

岸田首相がSC法制化に動き始めたのは、三日後の二〇二三年二月一四日。「今後一年程度をめどに可能な限り速やかに検討作業を進めて下さい」と高市大臣に指示したが、言われる前から既に準備はスタートしており、高市大臣が前年(二〇二二年)から説得を続けた結果、岸田首相がキックオフの指示を出したというのが実情に違いないのだ。

岸田政権（首相）の空虚な実態が浮き彫りになっていく。弱小派閥出身の岸田首相は、自民党最大派閥（安倍派）の神輿に担がれた〝お飾り〟にすぎず、イエスマンであり続けないと引きずり降ろされる十字架を背負っていたといえるのだ。総裁選で勝利して首相の座を射止めたのに、高市政権（首相）誕生と同じような状況に陥っていたのはなぜか。安保三文書（防衛費倍増や敵基地攻撃能力）や原発回帰（六〇年間の運転期間延長）など安倍元首相がやり残した課題（安倍派は「遺言」と位置づけている）を、岸田首相が次々と具体化していくのは、高市大臣ら安倍派の要求に「ノー」といえない〝安倍背後霊内閣〟の宿命としか言いようがないのだ。

なお日本会議は安倍元首相の強力な〝応援団〟として憲法改正推進や古き家族観（同性婚反対や選択的夫婦別姓反対）擁護などのタカ派的草の根運動を全国展開している。旧統一教会と同様、アベ政治（タカ派的な政策・古い家族観に基づく政策）実現の実働部隊ともいえる。

なおセキュリティクリアランス制度は約一年間にわたる有識者会議での議論を経て、二〇二四年二月二七日に閣議決定されて、導入を盛り込んだ法案が通常国会に提出された。担当は高市大臣だが、日弁連が反対の意見書を提出。共産党と社民党は明確に反対し、立憲民主党も慎重な姿勢を取っており、通常国会最大の与野党対決法案となると見られた。

しかし「第二自民党」と公言する維新は賛成を表明、自公と足並みをそろえた。汚染水（処理水）放出と同様、政権補完勢力として与党に援護射撃をする立場を取ったのだ。そして国民民主党も賛成を打ち出すと、引きずられるように立民も修正を条件に賛成に回り、法案は四月九日に衆議院本会議で可決されて「対決法案」ではなくなった。

3　ウクライナ戦争で西側追随の岸田政権（首相）を鈴木宗男氏と佐藤優氏が批判

地域政党「新党大地」代表で「日本維新の会」副代表（当時）でもあった鈴木宗男参議院議員が二〇二三年一月二五日、支持者向けの勉強会「東京大地塾」を永田町で開催、元外務省主任分析官で作家の佐藤優氏が同席した。両者は「ゼレンスキー大統領＝善、プーチン大統領＝悪」という単純な善悪二元論と一線を画し、多角的視点で今回の侵攻を捉えながら早期停戦を訴え続けてきた。

この日も鈴木氏が冒頭の挨拶で、西側諸国と共にロシア批判を繰り返す岸田首相を「国益を損ねている」と批判。具体的事例として「ロシア、日本との漁業協定交渉に応じず　北方領土周辺、操業に影響」（二〇二三年一月二一日の『毎日新聞』）と報じられた漁業交渉頓挫をあげ、こう問題視した。

「岸田総理がフランス・イタリア・イギリスに行き、カナダ・アメリカの首脳と会って、ロシアの悪口ばかりでした。結果、交渉に入れず、今年に入って『交渉はしない』と通告を受けた。これは日本に何のプラスにもならない。一にも二にも停戦、日本が大きな役割を果たすべきだ」

これを受けて佐藤氏も、岸田政権（首相）を次のように疑問視した。

「日本は仲介者となりうる客観的に有利な点がロシアに対してある。殺傷兵器を送っていないのはG7で日本だけ。日本は意外と独自の立場を取っている。トルコと比べても仲介者になるのに有利な立場にあるのに、その可能性を岸田政権は自らつぶしている。非常に下手なことをやっている。とにかく人を殺すのを止めて、そこのところから外交に舞台を切り替えて、その中で問題を解決することを考えればいい。なぜ、そういう現実的発想に日本が立てなくなっているのかが不思議だ。ある意味、平和ボケ。実際に戦争に巻き込まれるのがどういうことか、人が死ぬのがどういうことかというリアリテイが希薄になっている」

続いて佐藤氏は「外務省に不満を持っている」と切り出し、次のような批判をした。

「外交官が勇ましいことを言ったらダメだ。戦争になったら軍人の仕事なのだから、自分の仕事をなくすようなことをしてはいけない。いまロシア語を勉強した『ロシアスクール』と呼ばれる人がギリギリのところまでロシアとの関係悪化を防ぐために努力しているとは到底言えない。自己保身に立っている」

また佐藤氏は、戦争を食い物にする専門家が論壇で跋扈していることも紹介した。この日は名前を伏せたが、「小泉悠氏の危険な言説　根拠なき安保政策共有せず〈佐藤優のウチナー評論〉」（二〇二三年一月二一日の『琉球新報』）で批判した小泉悠氏であることはネット検索で確認できた。

「ロシア軍事の専門家と言っている人が今月の文藝春秋（二〇二三年二月号の「『平和ボケ』日本はウクライナで目覚めよ」）で沖縄について書いている。『近く中国は沖縄の南西諸島沖で核を爆発させるかも知れない。台湾での中国の武力侵攻があった時にアメリカの側に立たないように牽制するかも知れない。その時にひるまずに政府と一体となって戦えるのかどうかが問われている』とこの人は言っている。これはとんでもない。そもそもウクライナ戦争によって、中国が台湾に侵攻するのかどうかは分からない。『侵攻する』というシナリオもある。しかし中国だって、これだけ全世界を敵に回すような状況、これだけ経済制裁をかけられて孤立する状況になるのだったら、台湾侵攻をするよりも経済力をつけて、二〇年後にアメリカと同じ経済力をつければ、（台湾の）国民党の中には大陸と一緒にやりたいと思っている人もいるわけだから『柿が熟するように落ちてくる』と考える人もいると思う」（佐藤氏）。

小泉氏の危険な言説が月刊誌『文藝春秋』に掲載され、自民党にも勇ましい主張をする政治家が増える中、佐藤氏は公明党とその支持母体の創価学会と維新に注目していた。

「公明党、その支持母体である創価学会に期待している。（防衛費倍増を盛り込んだ）今回の安保三文書でも、日本の兵器産業は殺傷能力のある兵器を売りたいわけだが、ここは公明党は非常に堅い。支持母体の創価学会の平和主義、『殺傷能力のあるような兵器を外国に輸出することは一線を画さないといけない』という考え方がある。

維新はある意味、良い意味での選挙互助会。そうすると、鈴木さんは選挙強いからね。それに正面切って大喧嘩したいと思っている人は維新の中でもあまり数多くないと思う。となると、歴史における個人の役割で、鈴木宗男さんという突出した人の役割が発揮できると維新もいい政党になる」（佐藤氏）。

鈴木氏と佐藤氏の主張は侵攻直後から一貫していた。二〇二三年三月二三日の大地塾でも佐藤氏は「ロシアが間違っていることをしているのは自明」と指摘する一方、アメリカの対応にも疑問を投げかけていた。

「私は今のアメリカに戦略があるとは思えない。この戦争をできるだけ長引かせて、ロシア人が残虐なことをするのを示すことによって、ロシアの立ち位置を弱くする。それ以上の戦略はないと思う」(佐藤氏)。

今でもアメリカなど西側諸国は、ウクライナへの兵器提供で戦争を長期化させる対応を続けているが、両氏は早期停戦のために日本が仲介役の役割を果たすべきと主張。と同時に、「ウクライナ侵攻で台湾有事の可能性が高まった。日本はアメリカと共に中国と戦えるように防衛力強化をすべき」という危険な言説に対して警告も発していたのだ。

佐藤氏はこんな呼びかけもした。

「戦後、与党も野党も平和が共通の土俵だったが、急速に崩れて与野党共に勇ましくなりすぎている。これを変えないといけない。そのためには、我々一人一人が微力かも知れないが、無力ではない。一歩一歩平和の方に向けて歩みを進めないといけない。平和のために戦うことだ」

タレントのタモリ氏が「新しい戦前」と発言したように、勇ましい好戦論が大手を振って歩き始めた日本の状況はまさに第二次大戦前とよく似ているが、そんな大政翼賛会的な流れに抗すべく両氏は異議中立をしているように見えるのだ。

ただ違和感を抱いたのは、公明党と維新に期待していたことだ。二〇二二年一二月一五日に参院議員会館で開かれた「防衛力の抜本的強化を求める緊急集会」に公明党と維新も参加、賛同の挨拶をしていたからだ。主催者代表の櫻井よし子氏と、日本会議国会議員懇談会会長の古屋圭司衆院議員(自民党)に続いて各党幹部が次々と挨拶。その中には、公明党の佐藤茂樹衆院議員と維新の馬場伸幸代表もいたのだ。そこで質疑応答で私は佐藤優氏に次のような質問をすると、「アメリカがウクライナに戦争継続を強いている」とロシアよりアメリカを問題視するエマニュエル・トッド氏の論考を佐藤氏は紹介、日本の民意について説明していった。

――アングロサクソンの少数派（アメリカなど西側諸国）に日本がついてしまっていることの一つが今回の安保三文書、防衛費倍増・敵基地攻撃能力保有ではないかと思うが、そのへんの考えを聞きたいのと、一二月一五日の軍拡集会に、自民党はもちろん公明党も維新も加わっているが、こういう中でその状況をどう変えていけばいいのか。

佐藤氏　安保三文書の評価は、私と横田さんで違う可能性があると思うが、同時にもう一つ注目しないといけないのは、フランスの『フィガロ』（日刊紙）に（歴史学者の）エマニュエル・トッドさんの論考が出て、スペインとかロシアでも報道されて大きな話題になった。要するにフィガロに「トッドというのはフランスでは変わり者と見られている。一種の破壊者と見られているが、日本ではトッドが受け入れられている。しかも『第三次世界大戦はもう始まっている』という衝撃的なタイトルの本が一〇万部以上、売れている」というふうに出ていた。これが横田さんに対する一つの回答になっていると思う。

政治エリートは表面上、「日米同盟を重視してアングロサクソンと一緒にやっていこう」と言っているのだが、体が政治エリートの言う通りに動いていない。なぜあんな文書（安保三文書）を作っているのに、殺傷能力のある兵器を一つもウクライナに送らないのか。なぜ（ロシアの）

海産物の輸入を日本は止めないのか。このちぐはぐな状態が出ていることがこの国の底流、民意、我々の集合的無意識ではないかと私は思っている。その集合的無意識から大きく乖離したところでは政治は動けない。

だから勇ましいスローガンのいろいろな講演会とかに、いろいろな人達が義理で参加するのだが、それと同じ考え方を持っているのかと言ったら、そうではない。そこの構図が面白いところだと思う。

そうすると、メディアの課題は何かと言うと、特に横田さんがウクライナ戦争の中でも初動の時期から日本全体がウクライナの戦争を支持しようと言った時に、「いや、私は違う」と言うのではなくて、それと違う見解を、例えば、「鈴木宗男が言っていた」「佐藤優が言っている」ということを丁寧に紹介してくれた。横田さんの発信のところから多様性が出てきたわけだ。

そういう多様性を担保したメディアが個人のところであって、そのネットワークがかつてないくらいの影響力を持つようになった。そうすると、先ほど私はインターネットについてネガティブな側面があって重視していないと言ったが、これはインターネットがなければできなかったポジティブな側面だ。そういったことを総合的に考えてみると、まだまだ、この日本の民意と、民意に拘束されている政治エリートも捨てたものではない要素がある。だから、その中の『殺傷兵器をウクライナに提供しない』という部分もきちんと伸ばしていく。でも今、率直に言うと、不安がある。勢いに流されて一線を踏み越えて行って、非常に心配と感じている。

私の違和感に対する佐藤氏の回答は、櫻井氏ら主催の〝軍拡緊急集会〟に公明党と維新が参加したのは義理にすぎず、同じ考え方を持っているわけではないというものだった。とすれば、西側諸国と足並みをそろえる岸田政権に対して異論を唱える可能性は十分にあるようにも見えた。そこで両党の国会議員（特に維新の鈴木宗男参院議員）の言動を注目していったが、鈴木議員は二〇二三年一〇月一〇日に維新を離党した。党に届け出を出さずにロシアを訪問したことなどから維新が「除名」処分を決めたためだ。ただし通告する直前に離党届を出したため処分は見送られ、参院議員を続けることにはなったのだ。

4　リニア推進で攻勢に出た岸田政権（首相）に反論した川勝平太・静岡県知事が辞職

新人職員への訓示が「職業差別とも捉えられかねない」と報じられた川勝平太・静岡県知事が二〇二四年四月十日、辞職届を提出した後、定例会見に臨んだが、そこで〝職業差別発言報道〟への怒りを露わにした。メディアが「県庁というのは別の言葉で言うとシンクタンクです。毎日野菜を売ったり、牛の世話をしたり物を作ったりとかと違って、基本的に皆さんは頭脳・知性の高い方たち」という発言部分を切り取って「職業発言とも捉えられかねない」と伝えたことに対し、次のように反論をしたのだ。

「職業差別というのは悪なのです。差別してはいけないのです。人を弾劾することができる言葉です」「生業の違いはあると。区別と差別とは違うわけです。ジャーナリストの仕事と私の仕事は違います。どちらが上か下かというのはない。職業に貴賤はないのです。『そういう意味で申し上げました』といっても『職業差別だと捉えられかねない』というふうに報道されたのですが、途端に『職業差別』という言葉でざっと広がり、職業差別をする人間だと。特に第一次産業に対する差別だという言論が広がりました。これは本意ではない。しかも驚いたことに農水大臣までが強い憤りを感じられるということで、本当に驚きました」

そこで会見終了後、川勝知事を追いかけて「〝職業差別デッチ上げ報道〟に屈するのか」と声掛け質問をした。会見中は記者クラブ加盟記者しか質問ができないルールのためだが、エレベーターに乗り込んだ川勝知事は無言のまま。そこで「（前明石市長の）泉房穂さんの資料、持ってきました」と言って資料を手渡そうともしたが、県庁職員に接近を阻まれた。そこで扉が閉まる前に「知事、泉房穂さんの資料ありますよ。不出馬（撤回の）、（続投要請の）県民の声が高まれば（出直し選挙への不出馬撤回するのか）」と叫んだが、川勝知事は一言も発することなく扉が閉まってしまった。

子供関連予算を二倍以上にして一〇年連続人口増を達成した泉房穂・前明石市長の関連資料を川勝知事に手渡そうとしたのは、「失言をするものの仕事はする（住民のために奮闘する）」という共通点が二人にはあると思ったからだ。メディアが言葉狩りをするのも瓜二つと思って、コピーをしたのが山岡淳一郎著「暴言市長奮戦記」の関連部分（四二頁〜）。「暴言報道で市長の辞意表明」という小見出しの中で、川勝知事辞職と重なり合う事態が四年前に明石市でも起こっていたのだ。

〈明石市長選を春に控えた〉一九年一月二九日、噂が現実のものとなった。「暴言報道」という爆弾が破裂する。神戸新聞と読売、毎日などの全国紙が泉の暴言を書き立てた。読売は、「買収遅れ市長、職員に暴言　兵庫・明石『火をつけてこい』」という見出しを打って、次のようなリード文を載せた。「兵庫県明石市の泉房穂市長（五五）が二〇一七年、市の道路拡幅事業でビルの立ち退きが遅れていることについて、担当職員らを呼び、『（交渉がまとまっていないビルに）火をつけてこい。燃やしてしまえ』などと暴言を吐いていたことがわかった。市長は読売新聞の取材に発言内容を認め、『怒りにまかせて言ってしまった。市長の振る舞いとして度を越えていた』と述べた」（中略）明石市によれば、暴言が報じられた一月二九日、市役所に「暴力団のような発言だ」といった批判が電話やメール、ファクスなどで三三七件届き、市長を擁護する声は三一件だった」（中略）二月一八日、泉は後援者たちに直接、語りかける会を催し、「一生かけても償いきれない過ちを犯したのがほんとうに申し訳なく」と頭を下げた。市長選には「出られません」と辞意を再度、口にした〉

泉前市長の暴言が報じられて辞職（市長選不出馬）となった経過は、「職業差別」と報じられた川勝知事が辞職に追い込まれたのと重なり合う。しかし明石市では、前代未聞の住民運動（続投署名活動）が始まり、不出馬撤回という奇跡的な展開につながっていく。山岡氏の本は「動き出した子育てママたち」という小見出しをつけて、こう続けていた。

〈ところが、である。想像もしていなかった事態が生じる。寒風吹きすさぶ明石駅前に、幼子を育てる三人の母親たちが立ち並んだ。「明石前市長　泉房穂さんに市長選立候補を要請する署名」と表示板をぶら下げ、活動を始めた。ＳＮＳで知り合った母親たちは、最初はネット上で電子署名を集めたが、思うように数が増えず、「リアルで街頭演説をやるしかない」「時間があるので動けます」「エイエイオーッ」とメールを交わして、街頭に出たのである。

泉本人はもちろん、選挙を支える朝比奈も、他の後援者たちもまったく寝耳に水の出来事だった。政治に縁のなかった若い母親たちが、暴言は許されないけれど、「政策を引き続き実行し、さらに市民にとってやさしいまちづくりをすすめていただきたく、三月一七日の市長選挙への立候補を要請します」と泉宛の要望書を読み上げる。

真冬の冷たい風が、署名用の要望書をめくりあげて吹き抜ける。署名に協力してくれる人もいれば、「そんな活動やめたほうがいいよ」と面と向かって言う人もいる。脅しめいた雑言も浴びせられる。怖れに震えながら、ときには子どもを抱えて道行く人に声をかけた。「立候補が無理でも、せめて、ありがとうだけは伝えたい」と切々と訴えた。そうして約五〇〇〇筆の署名が集まった。

市長選告示の一週間前、「泉市政の継続を求める会　総決起集会」が開かれ、子どもを抱いた母親たちが集めた署名を持ってきた。司会に招かれて壇上に上がり、署名の束を差し出そうとしたら、泉は椅子に座ったまま泣き崩れて立ち上がれなかった。隣の後援会長の柴田に手で「行ってくれ、行ってくれ」と合図をする。柴田が立ち上がって泉の代わりに署名を受け取った。

市民に背中を押された泉は、出直し市長選への出馬に踏み切った〉

この本のコピーを川勝知事に手渡そうとしたのは、言葉狩りが大好きな偏向メディアに抗して静岡県民有志が動き出す可能性があると思ったからだ。直に川勝知事に渡せなかったものの、後で知事室に寄って職員にコピーを手渡すことを頼んではおいた。

実は、川勝知事に「泉前市長」と叫んだのはこの日が初めてではなかった。訓示翌日（二日）の囲み取材で辞意を表明した後、翌三日にその理由を詳しく説明する臨時会見を開いたのだが、その時も追いかけて「メディアに屈して（知事職を）投げ出してもいいのか。知事、だらしなさすぎるのではないか。もっと闘って下さいよ」と声かけをすると、エレベーターに乗り込んだ川勝知事はなぜか微笑んだ。その時にも私は「泉（房穂）前市長は（市長続投を求める）署名が集まって辞任を撤回しましたよ」と大声を張り上げたのだ。

川勝知事と泉前市長の共通点はいくつもあるが、一つは、実績をきちんと伝えないマスコミのネガティブキャンペーンの標的になったことだ。総理待望論が高まる泉前市長は参院徳島高知補選で応援演説をした後の囲み取材で、衆院選出馬の可能性について聞かれると、次のように否定した。「私が一人、国会議員になっても仕様がない。一人、総理大臣になったところで、どうせマスコミがネガティブキャンペーンをやって引きずり降ろされるから。マスコミなんて、すぐそういうことばかりするのです」。

四月一〇日の川勝知事会見でも、ネガキャンは大好きだが、実績は伝えないメディア特性を実感した。今回の辞め方について聞かれた川勝知事は「丹那トンネル」というキーワードを発しながら、リニア計画の危険性について次のように説明したのだ。

「水の問題、これは取り返しがつきません。丹那トンネル（東海道本線のトンネルで工事中に大量湧水による水枯れ発生で水田農家が大打撃）もあったので、今回（リニア計画の南アルプストンネル）はもっと大きい。しかも国立公園です。しかもユネスコパークです。しかも多くの人たちがそれによって生きているわけです。これは何としてでも守らなくちゃならない」「（大井川の水問題に）粉骨砕身、全力を投じてきたつもりです」

言葉狩りが大好きなメディアの弊害は、「失言はするものの仕事はする首長」を辞職に追い込む結果、暴言は吐かないが仕事をあまりしない首長だらけになることだ。

元朝日新聞の鮫島浩氏も泉前市長への〝インタビュー本〟の中で、こう問いかけている。「泉さんが出直し市長選挙で圧勝したことは、自らの身を守ることを優先して既得権との激突を避ける風潮が広がる今の日本社会に、とても大事なことを教えてくれる気がします。政治家にとって一番大事なことは、『クリーンでフェアに見せる』ことなんかじゃなく、何かを成し遂げるために闘うこと。そこを市民はしっかり見ているんだけど、政治家が自己保身に走り、反撃されることを恐れて無難に収めようとすることが多い。不退転の決意で闘い、実現してみせる政治家がいないことに、政治不信の原因があるような気がします」（泉房穂著「政治はケンカだ」の四六頁より。聞き手は鮫島氏で、この部分のコピーも先の手渡し資料に同封）。

メディアの川勝知事叩きに対抗するべく、二〇二二年七月四日に「川勝平太がんばれキャンペーン」を始めた林克氏（静岡県地方自治研究所事務局長）は、明石市と同じような続投要請署名を始めようとする動きがあることを教えてくれた。

「リニアの関係八団体で『平太がんばれキャンペーン』をやって来たのが、本当に今回の辞任は残念で残念で仕方がない。川勝知事が敷いたレールは水と環境を守る上で大事で、これを継承することが求められているのではないかと思う。私たちの会の中でも『川勝さん、辞めるな』という声を上げる人がいる」「川勝県政の評価についてはきちんとまとめて、何らかの形で継承できる県政にしていきたいと考えている」。

「丹那盆地の悲劇を繰り返すな」と訴えてリニア計画に対峙してきた川勝知事の奮闘ぶりを伝えないメディアについても聞いてみた。

――「職業差別」という報道があるが、第一次産業、農業を支えるのに（川勝知事が）頑張って来たと。

林克氏 そうですね。川勝さんは本当に地場の農業をいかに振興させるのかで奮闘してきた方かなと思う。ただ非常にサービス精神が旺盛なので、目の前にいる方を本当に持ち上げるためにいろいろな比喩を使って、私からしても「ちょっとマズイかな」というのはあるが、そういうサービス精神が故のことなのかなというふうには思う。

――サービス精神でリップサービスで失言も出るが、（知事として仕事を）やっている。四月一〇日の会見でも「丹那盆地」の話が（川勝知事から）出ていたが、（農家の）水不足、トンネル工事で大量の水が出てしまうことをちゃんと分かっている。

林克氏 かつて（東海道本線の）丹那トンネルを掘る時、丹那盆地は非常に豊かな水田だったわけです。トンネルを掘ったら水が抜けてしまって、そこで田んぼが出来なくなってしまった経緯があって、これは川勝さんだけではなくて、静岡県の人ならみんな知っていることで、そこを本当に重視したリニアの政策ではなかったのかなと思う。

──「丹那盆地の悲劇を繰り返すな」ということで農家のために頑張って来たのが川勝さんだったと。

林克氏　そうです。後は草原にしかならなくなり、牛を育てるしかなくなった経緯を（川勝知事は）ご存じで、農業のために頑張って来たのは本当に言えるかなと思います。

──失言はするけれども農家のためにやってきた川勝さんを「辞めないで欲しい」という署名活動を始めようとする（農家の）方がいらっしゃると。

林克氏　そうですね。声を上げる方もいるので、そういう声は大事にしていきたいと思う。

静岡県知事選の告示は五月九日で二六日投開票と決まったが、泉前市長が続投要請署名を受け取ったのは市長選告示の一週間前。市民に背中を押された泉前市長は不出馬を撤回、出直し選で圧勝したのだ。

「明石の奇跡」が静岡でも起きるのか。静岡県民有志の続投（再出馬）要請がどこまで盛り上がるのかが注目されたが、四月二二日に静岡市役所前で始まった署名集めは、静岡県知事選告示日の一週間前の五月二日まで続けられ、署名集めをした市民団体「リニアを争点にする会」メンバーは同日昼すぎに川勝知事に手渡した。ネット署名と合わせて、一九八七年再出馬要請に対して川勝知事は「重く受け止める」と答える一方、再出馬を否定することはしなかったという。

●メディアの川勝知事批判キャンペーン

リニア中央新幹線関連の報道で最近、よく目に入るのが川勝知事を批判する記事だ。その主たる発信源が〝変節記者〟と呼びたくなる雑誌静岡人編集長の小林一哉氏で、講談社のネットメディア「現代ビジネス」をはじめ、プレジデント社の「プレジデントオンライン」や東洋経済オンラインに頻繁に登場、南アルプスのトンネル工事着工を認めない川勝知事に対して集中砲火を浴びせ続けているのだ。

そんな中で「二匹目のどじょう」を狙うかのように川勝知事批判を始めたのが、元プレジデント編集長の小倉健一氏（イトモス研究所所長）。古巣のプレジデントオンラインだけでなく、現代ビジネスや月刊誌「Ｗｉｌｌ」オンラインにも記事が掲載されるようになったのだ。

リニア計画を進めるＪＲ東海が拍手喝采を送りたくなる小林氏や小倉氏の記事を、名だたる経済誌が積極的に掲載する思惑も透けて見える。広告収入が期待できる大企業に寄り添った商業（タイアップ）路線を突き進んでいるのではないかと疑いたくなってしまうのだ。

しかし「ＪＲ東海広報誌」と見間違うようなビジネス系ネット媒体に批判記事が溢れ返っても、四月二日までは当の川勝知事は全く意に介していないようだ。リニア計画に異論を唱え続ける姿勢は当初から一貫しており、未だに南アルプスをぶちぬくトンネル工事着工を認めていないからだ。

そんな川勝知事をかつては高く評価、「なぜ、川勝知事は闘うのか?」という小冊子まで出版していたのが小林氏だった。「変節記者」と指摘したのは、川勝知事への見方を一変させたことを目の当たりにしたからだ。そして月刊誌『紙の爆弾』で私が川勝知事を初めて取り上げた記事「『リニア中央新幹線』に固執する自民党の策謀」(二〇二〇年九月号)でも、その小冊子について以下のように紹介していた。

「(二〇二〇年七月当時に)静岡駅ビルの書店で見かけたのは、静岡経済新聞発行『JR東海リニア南アルプストンネル計画　なぜ、川勝知事は闘うのか?』。まさに〝闘う知事〟として川勝知事は、トンネル工事による大井川の水量低下を問題視、『(大井川中下流域の)静岡県民六二万人の命がかかっている』と訴えつつ、国家的プロジェクトであるリニア新幹線計画と対峙していたのだ」

この小冊子の表紙には、ヘルメットを手にした川勝知事の背後に南アルプスの山並みが広がる写真を採用。そして一ページ目の巻頭言には小林氏の熱い思いが綴られていた。『日経ビジネス』(二〇一八年八月二〇日号)の特集記事「リニア新幹線　夢か悪夢か」の冒頭が川勝知事へのインタビュー記事であったことにびっくりしたと切り出した小林氏は、リニア計画への川勝知事の怒りの声を列挙した後、「(日経ビジネスのインタビュー記事を)読み終えて、しびれてしまった」と以下のように絶賛していたのだ。

「まさに、これは『(静岡県とJR東海との)闘い』である。過去に、そんな『闘い』に挑み、これほど、かっこういい発言をした静岡県知事がいただろうか?」

最近の小林氏の記事との違いに驚くのは、小冊子の巻頭言だけではない。六三ページに及ぶ大特集では、リニア計画が抱える問題を多角的に紹介。トンネル工事による渇水の恐れをはじめ、破砕帯で難工事必至の南アルプスのトンネル工事やJR東海の経営悪化リスク(名古屋部分開業で大赤字)などにつ

大井川の水と南アルプスの環境を守るためにJR東海や国と対峙してきた川勝平太知事（当時）。2020年7月にはトンネル工事で影響を受ける恐れのある大井川上流を視察。

いて詳しく解説をしていたのだ。〝リニア問題初心者〟だった私が、この小冊子を手引書のように活用しつつ二〇二〇年九月号の「紙の爆弾」の記事を執筆。その後もリニア関係の発信をする時に参考にしたのはこのためだ。

しかし、リニア問題の〝師匠〟のような存在だった小林氏は突然、川勝知事を批判する記事ばかりを書くようになった。本人に「なぜ立場が変わってしまったのか」と聞いたら、「小冊子を買ってくれなかったからだ。『知事失格』の本の中で経緯を書いた」と教えてくれた。すぐに、『知事失格』を買って見てみると、「県庁ぐるみの著作権法違反事件」と題する章の中で、県庁内で小冊子のコピーが出回り、大量購入のあてが外れたことへの怒りが書かれていた。

小林氏は個人的恨みから〝反川勝知事〟の立場に変わったことを教えてくれたのだが、別の言い方をすれば、川勝知事が変節して批判対象になったわけではないことも確認できた。

実際、リニア推進の急先鋒だった安倍晋三・元首相と大親友の葛西敬之・JR東海名誉会長（森功著『国商』参照）が共に二〇二二年に亡くなっても「晋三死すとも〝安倍友リニア〟は死せず」という状況はその後も続き、〝安倍背後霊政権〟のような岸田首相がさらにリニア推進の姿勢を強める中、それでも川勝知事は未だにトンネル工事の着工を認めなかった。その揺るがない姿勢の理由も、小林氏が出した小冊子を読むとよく分かる。

「丹那盆地の謎　忘れられた『渇水の記憶』」「『悲劇』繰り返さない！」という見出しの一節では、「世紀の難工事」と呼ばれた東海道本線の丹那トンネルについて「真上に広がる丹那盆地に暮らす人たちの生活を変えるほどの渇水を引き起こした」と解説。川勝知事が記者会見等で丹那盆地の悲劇について話してきたことにも触れていたのだ。

一九一八年から一六年間もかかって完成した丹那トンネルの工事は、豊富な湧水で知られていた丹那盆地に渇水被害をもたらしていた。トンネルを掘ることで湧水が流出してしまい、その水の総量は約六億㎥（立方メートル）、芦ノ湖の三杯分に相当したことが後の調査で判明。盛んだった稲作ができなくなり、農家の収入が激減する事態を招いてしまったというのだ。

この丹那盆地の悲劇を川勝知事が発信するのは、リニアのトンネル工事でも同じような大量流出を招き、南アルプスの自然環境悪化の被害も引き起こしてしまう恐れがあるために違いない。「悲劇を繰り返すな！」との思いから、トンネル工事の前段階にあたる「高速長尺先進ボーリング調査」に対しても慎重な姿勢を取り続けているように見えるのだ。

しかも小冊子では「畑薙山断層につながる破砕帯とは何か？」と銘打った次節で、トンネル予定地が大量出水の恐れがある「破砕帯」にぶつかる可能性があることもこう解説していた。

「二〇一九年六月一三日、川勝平太知事はリニア建設予定地を視察した。畑薙ダムを抜け、畑薙橋を越えたところで川勝知事の車が停止した。川勝知事の隣で、神戸大学の大石哲教授が指し示したのが、畑薙山断層を象徴する『赤崩れ』だった」「その断層を掘削すれば、『黒部の太陽』で描かれた関電トンネルと同じ『破砕帯』にぶつかる可能性が高い。畑薙山断層帯は非常に弱い地層であり、雨のような湧水が沸き、時には鉄砲水のような出水があるかもしれないのだ。リニア工事はまさにそのような場所で行われることの証拠が『赤崩れ』である」（四一頁）。

この前ページでは、黒部ダム建設を描いた映画「黒部の太陽」の一場面を紹介。関電トンネル工事の下請けの岩岡組社長に向かって岩岡組二代目が決断を迫る会話を再現したのだ。「この（糸魚川―静岡構造）線のごく近く、ほぼ平行している黒部川流域地帯には、どんな大きな断層や破砕帯がひそんでいるかわからないんですよ」「まともに破断帯にぶつかたら、一日一メートルはおろか、一センチだって掘れやしない。落盤、出水―どうするんですか」「それでも、やるのか、あんた」。

そして、こんな解説が続く。「このシーンを見ていると、まるで、今回議論になっているリニア南アルプストンネル工事の議論と同じではないかと錯覚してしまうだろう。フォッサマグマ、糸魚川―静岡構造線の地域であり、基本的な地質構造は全く変わりがないからだ」。

最近の小林氏の記事を読むと、川勝知事がＪＲ東海に難癖をつけているだけといった悪いイメージを抱きかねないが、変節前に出版した小冊子には、「トンネル工事に慎重な姿勢を取るのは当然でＪＲ東海こそ非常識」と肯定的に理解できる情報が盛り込まれていたのだ。

安倍元首相と葛西名誉会長が共に亡くなった二〇二二年の翌年（二〇二三年）になっても、〝安倍背後霊政権〟のような岸田首相がリニア推進の姿勢をさらに強め、異議中立を続ける川勝平太・静岡県知事が立ちはだかる構図は同じだったが、新年早々に攻勢に出た岸田首相に対して川勝知事が強烈なカウンターパンチを浴びせた。前年の一二月に斎藤国交大臣が表明した東海道新幹線シミュレーション（需要調査）の実施をめぐる応酬が飛び火することになったのだ。

この需要調査について岸田首相は二〇二三年一月四日の年頭会見で紹介。リニア開業のメリット（静岡県内の東海道新幹線のひかりやこだまの本数増）を強調しつつ、全線開通への意気込みを語った。水問題や環境保全などを理由に静岡工区のトンネル工事を了承しない川勝知事の切り崩し工作に自身も乗り出した形となったが、これに対して川勝知事は新年初の一月一一日の定例会見で、岸田首相を返り討ちにした。「東京（品川）～名古屋間」の調査もすべきと釘を刺した上で、名古屋までの部分開業で赤字垂れ流しを招く可能性が高く、現行リニア計画が破綻するという悪夢の近未来図を示して見せたのだ。

――（幹事社の青島記者）岸田首相は四日の年頭会見で「全線開通に向けて大きな一歩を踏み出す年にしたい」と発言。（需要調査で）東海道新幹線の停車頻度の増加について夏を目途に取りまとめて関係者に説明していく考えも示しました。早期開業のために静岡県が取り組むべきことは何か聞かせ下さい。

川勝知事　（水資源と環境保全について触れた後）いわゆる需要動向調査ですが、JR東海が出している資料二をご覧ください。リニア全線開業後、「のぞみ中心」から「こだまとひかり中心」のダイヤになるだろうと言っている。東京・名古屋間の部分開業は二〇二七年、東京・大阪間の全線開業は一〇年後の二〇三七年で、JR東海は「まず東京から名古屋まで開業して〝体力〟をつけて、お金を貯めて、それで大阪に延伸していく計画」と言っている。二〇二七年に（名古屋まで）開業した時にどれぐらい、のぞみからリニアに移るのか、よく考えて下さい。

川勝知事が注目したのは、名古屋までの部分開業時における「東海道新幹線の停車頻度の増加」の程度（実現性）。大阪全線開業までの一〇年間、〝ドル箱路線〟の東京から大阪に行く場合のリニア乗車率は、東京と名古屋での乗り換えの煩雑さから「非常に少ない」と予想されるため、大赤字になるのではないかと疑問呈示をしたのだ。

川勝知事　名古屋までリニアで行って東海道新幹線に乗り換えて大阪まで行く乗客は、東京駅から品川駅（リニア始発駅）まで山の手線で移動する（所要時間一三分）。ラッシュ時間は立ったままでしょう。山の手線の品川駅は陸側、リニア新駅は海側でしかも地下五〇メートルで、（乗り換え時間は）一〇分はかかるでしょう。リニアの名古屋駅も地下五〇メートルです。リニアは消費電力が三倍になるので、料金も高くなる。

現行リニア計画の致命的欠陥が浮彫りになっていく。名古屋までの部分開業によって赤字垂れ流しを招いてしまい、JR東海の経営状態がかえって悪化する恐れがあるということだ。この悪夢の近未来図が容易に想像できるので川勝知事は、「大阪までの全線開通時」だけではなく「名古屋までの部分開業時」の需要調査（シミュレーション）も求めたのは間違いないのだ。

静岡県民のメリットも絵に描いた餅となる。乗換えの煩雑さから部分開業時のリニア乗車率（のぞみからリニアへの移行率）が非常に低ければ、既存の東海道新幹線ののぞみ本数の減少率も微々たるものにとどまり、当然、静岡県内に停車するひかりやこだま本数も現在と大差ないことになるからだ。

川勝知事の理論武装の周到さも見て取れた。〝ネタ本〟の一つと見られる樫田秀樹著『〝悪夢の超特急〟リニア中央新幹線』（第五八回日本ジャーナリスト会議賞受賞）は、名古屋部分開業時におけるリニア乗車時間（乗換を含む）とそうでない場合の「東京・大阪間の所要時間」を比較、「（リニア乗車・東海道新幹線乗換で）現在の新幹線よりもわずか二〇分しか早くならない」と指摘。「速いけど早くない」（二六八頁）のリニア乗車のメリットの乏しさを比較データで提示していた。それは、リニア乗車時が「二時間一七分〜二時間二七分」に対して、リニア乗車なし（東海道新幹線のみ利用）の場合が「二時間四八分」というものだった。

たしかに、二〇分〜三〇分しか短縮効果がなければ、煩雑な乗換をしてまでリニア乗車にしようとする人は限定的であることは一目瞭然なのだ。この客観的データを頭に入れて川勝知事は定例会見に臨み、自信たっぷりに説明していったように見えるのだ。

二〇二三年の年頭会見で川勝知事が問題にした「名古屋までの部分開業で赤字垂れ流しの恐れ」についても、〝変節記者〟の小林氏は先の小冊子の中で「名古屋開業でも〝大赤字〟リニアは悪夢か？」

という見出しをつけて、同じような悲観的な予想を以下のように紹介していた。

「リニアが品川～名古屋間を四〇分で結んで、どれだけの人が利用するのか。現在、品川駅と名古屋駅で、地下深くにリニア駅の建設を進めている。『新大阪に行く人が、途中の名古屋で乗り換えるケースは少ないだろう』。ＪＲ東海の幹部もそう認める」

「経済評論家の堺屋太一は『名古屋で乗り換えて大阪は非現実的です。東京～名古屋だけを造るのでは大赤字は確実。大阪まで一気に開通させる以外はない』と提言した」

まさに小林氏出版の小冊子にある指摘（懸念）と、会見での川勝知事の問題提起はぴったりと重なり合う。二段階方式（名古屋部分開業と大阪全線開業）の現行リニア計画は、非現実的で破綻しているともいえる。名古屋までの部分開業で赤字垂れ流しになるのは確実で、その後の一〇年間で財政的な〝体力〟をつけて大阪までの全線開業を果たすのは絵空事としか言いようがないのだ。

こうした問題意識から川勝知事は、事業費増大と長期債務残高の適正額超過をあげた上で、この危機的状況も調査すべきと訴えたのだ。

川勝知事　現在のＪＲ東海の計画は、東京と名古屋間は（事業費）五・五兆円で作ると言っていたが、一・五兆円増えて七兆円になった。もう一つは、「長期債務残高が五兆円以下なら（経営）体力が持つが、六兆円になったら持たない」と国交省に正式な文書で言っていること。現在、（長期債務残高の見通しは）六兆円です。かつエネルギー代が上がっていることもシミュレーションをして、（リニア計画が）成り立つのかどうか、調べて欲しい。今後、こうした内容を質問するために岸田総理に書簡をしたためます。そして国が責任を持ってやっていただけるように要請したいと思っています。名古屋までの部分開業でどれだけペイが出来るのかをまずやるべきだし、ペイしない（大赤字の）場合はどうするのかも考えるべきでしょう。

斉藤鉄夫国交大臣に続いて岸田首相も、需要予測調査で東海道新幹線の停車頻度増加になるという〝人参〟を指し示して、「静岡県民益に反する川勝知事」という悪玉論を広めることで切り崩そうとしたのだろうが、そのメリットは微々たるもので現行リニア計画の破綻、ひいてはＪＲ東海の経営危機リスクを際立たせる羽目に陥ったのだ。岸田首相は需要予測という切り札を持って川勝知事に斬り込んだつもりだったかも知れないが、逆に返り討ちにあって墓穴を掘ったようにしか見えないのだ。

二〇二二年一二月二七日の定例会見でも川勝知事は、デジタル田園都市構想を掲げる岸田首相を一刀両断にしていた。

「エネルギーはこんなに高騰している中で、既存の新幹線の三倍とも四倍ともいわれているリニアの電力消費をまかなえるのか。それからオンラインで仕事が出来るような現状がどんどん進行し、政府も推し進めている。いわゆるデジタル田園都市構想と一体ですが、そうすると、電力も厳しい、（仕事が）オンラインでも出来ることになると、『リニアはいるのか』というふうに言われた時にどう答えられるのか」

安倍元首相が残した負の遺産「リニア計画」をゴリ押しする岸田首相に対して、理路整然と異論を唱える川勝知事――二〇二三年早々から両者の論戦は激化していたのだ。

●県内の視察でもリニアに異を唱える〝川勝節〟がさく裂

リニア関連の書簡を岸田首相に出した川勝知事が二〇二三年二月二日、リニアトンネル工事が上流で計画されている大井川流域の川根本町を視察、意見交換会を終えた後に囲み取材にも臨んだ。地元記者からは当然、リニア関連質問も出たが、私は、現行リニア計画破綻を示唆した〝岸田首相書簡〟について聞いてみた。名古屋部分開業（二段階方式）では赤字確実で、一気に大阪まで開業させる一段階方式への移行が必至とみえたからだ。

――「リニアの二段階方式を厳しく検証すべきだ」と仰いましたが、知事会見での話を聞いていると、名古屋まで開業しても赤字は確実だと。（東京から大阪に行くのに名古屋までリニアに乗って）乗り換える人がどれだけいるのかはまさに的確な指摘だと思うが、これは二段階（開業）方式を見直すべきだと理解していいのか。

川勝知事　そこは検証をして、果たして本当にJR東海が考えているように「名古屋まで開業して（経営）体力をつけて、それから大阪まで」と（JR東海は二段階方式を言っている）。体力がつくのかどうか検証しなくてはいけない。ようやく「検証する」と政府が言った。検証していなければ、「JR東海は一体どういう会社か」ということになるのではないか。だから政府におんぶにだっこの国鉄の体質が今も現れているのかなと思っている。これは検証次第です。

前にも述べたがJR東海のリニア計画は二段階方式で、二〇二七年予定で東京（品川）～名古屋間の部分開業後、一〇年かけて経営体力を回復しながら二〇三七年予定で大阪まで全線開業をすることになっている。だが、名古屋部分開業で利用者が少なく赤字となれば、経営体力をつけるどころではなくなる。これを川勝知事が問題視、名古屋部分開業でのシミュレーションも実施して検証することを〝岸田書簡〟の中で求めたのだ。

岸田首相が通常の思考能力の持ち主なら当然行きつく悲観的結論を前提に質問を続けた。

――検証しなくても（名古屋部分開業は）大赤字確実で、リニア計画が破綻するのではないか。

川勝知事　そうですね。思わぬコロナで財務が厳しくなっている。これも含めて、二〇一〇年五月にJR東海が国に言った自分たちの経営計画をぶち壊すような事態がコロナで起こっているわけです。だから当然、政府としては違う事態だから検証しないといけない。なぜしないのかと思っていたら、今回、一応、首相が「静岡県にとってメリットがあるのか」という言い方ではあったが、伊勢神宮の前で（の年頭会見で）「これを夏までにちゃんとやる」と仰ったので、しっかりと守って欲しい。有言実行をしていただかないと困る。

――岸田さんが合理的な検証をすれば、一段階でやらないと無理だという結論になる可能性が高いと思うが。

川勝知事　（笑みを浮かべながら）それは楽しみにしましょう。私がいま言うことではない。

笑顔で囲み取材を終えた川勝知事からは、「岸田首相のお手並み拝見」という余裕さえ感じられた。県民益の〝人参〟をぶら下げて懐柔を目論んだような岸田首相に対して、書簡でリニア計画の見直しをすぐさま迫った充実感に溢れているようにも見えた。

しかも、相反する政策をほぼ同時に訴える岸田首相の支離滅裂ぶりも際立たせていた。二〇二三年一月二四日の定例会見で川勝知事は、〝岸田書簡〟の核心部分を次のように読み上げたのだ。

川勝知事　総理の構想（デジタル田園都市構想）は地域分散型の国土構想です。一方、リニアの目指す東京・名古屋・大阪を結ぶスーパーメガリージョン構想は大都市集中型の国土構想です。ベクトルが異なり、相反する国土構想をどう調和させるのかは、総理が国民に明らかにされるべき課題です。総理におかれましては約束通り、この夏までに上に記した本県のリニアのメリットにかかわる調査と共に、それと関連するリニア建設の二段階方式の妥当性、JR東海の長期債務残高の再評価など集中的に取り組んでいただけますよう要請いたします。本県は住民の公益性を判断基準にし、リニアと水資源、自然環境保全との両立のために、JR東海と議論を尽くしていくことを約束いたします。敬白。

以上の手紙を今日の午前中、お届けしました。

これを受けて静岡新聞の記者が「知事としては名古屋までの部分開業時点では本県へのメリットを

見出すのは難しいと考えているのか」と聞くと、川勝知事は次のように答えた。

「印象ではそういう感がある」「この二段階方式が合理的なのか。体力がつけられるのか。現実的なのかどうかは十分に問うに値するので、ここはしっかりとやってもらわないといけない。私の質問の大きなポイントは、東京から名古屋間のシミュレーション。もう出社率は六割を切っている。これだけオンラインの仕事が一般的になり、さらに広まる可能性があると、仮に田園都市国家構想が二〇二七年から年間一万人全国各地に移り、加速化されると、もう（東京・名古屋・大阪を結ぶ）六〇〇〇万、七〇〇〇万のスーパーメガリージョン構想は夢物語にさえ聞こえるということであるから、それはそれで考える必要がある。もともと（一段階方式で大阪まで）全線開通して意味があると言っているわけだから。

したがって二段階方式が意味があるのかどうかは、これだけJR東海が固執されている以上、それでも（大阪開業まで）向こう十数年間、その状態が続くということだから、そういう状態を続けて本当にペイするのか」

川勝知事の主張は明確で首尾一貫もしていたが、一方の岸田首相は支離滅裂さが際立ち、合理的思考能力への疑問も膨らんでいった。「今夏に出す」と岸田首相が公言、川勝知事が書簡で注文をつけたシミュレーションが公表されたのは二〇二三年秋。結果は、名古屋部分開業でリニアに乗り換える乗客は限定的で既存の東海道新幹線のダイヤ増は一・一倍にすぎなかった。この程度の増加では大赤字確実で、リニアの大阪全線開通は絵空事にすぎないことが明白となった。川勝知事の予測は的中したことになったのだ。

第5章　市民と野党が連携する〝ブリッジ共闘〟

野党連携（共闘）のモデルケースとなった山口二区補選で大善戦をした平岡秀夫候補。党派を超えた野党議員が結集した。

1　大田区都議補選で示された「小池百合子知事強行の外苑再開発NO！」

「次期総選挙の前哨戦」「大物政治家が続々と現地入り」などと報じられた「大田区都議補選（改選数二）」が二〇二三年六月四日に投開票され、立憲民主党と共産党などが支援した無所属の森愛候補がトップ当選、自民公認の鈴木章浩候補が二位に滑り込む一方、統一地方選の勢いが続くのかが注目された維新の細田純代候補は三位で落選、小池百合子都知事が二度も応援に駆け付けた都民ファの奥本有里候補（国民民主党支援）も四位に沈んだ。

「有力四候補の誰が当選しても不思議ではない」という混沌とした状況であったことから大田区都議補選は「次期総選挙での各党の勢いを占う国政選挙並の地方選挙」として注目されたが、各党で明暗がはっきりと分かれることになった。二〇二三年四月の衆参補選で全敗の立憲民主党は支援した無所属候補のトップ当選で反転攻勢の手がかりをつかんだのに対して、統一地方選で地方議員一・五倍以上の目標を達成した日本維新の会はあえなく失速した。一つの椅子を争う奈良県知事選や和歌山一区補選では自民に競り勝ち、その勢いを買って大田区都議補選に臨んだものの、馬場伸幸代表らの応援演説も空しく、二位に滑り込むことさえ出来なかったのだ。

統一地方選後、全小選挙区に候補者を立てると宣言、次期衆院選での野党第一党を奪取すると意気込んだ途端、その前哨戦で敗北して出鼻を挫かれることになった。

もう一人の敗者は、神宮外苑再開発強行で「伐採女帝」「緑の古狸」とも呼ばれるようになった小池百合子都知事だ。自らテコ入れした都民ファ候補が、元都民ファ都議の無所属候補にダブルスコア以上の差をつけられて敗北、かつて圧倒的人気を誇った神通力（集票力）がいまや見る影もないことを印象づけた。

小池都政に「ノー」を突きつける形にもなっていた。都民ファを離党して大田区長選に出馬した森愛候補（当時）は自民党都議だった候補に惜敗したものの、再び都議補選に立候補して小池知事が進める外苑再開発など「三事業（他はスピーキングテストと新空港線『蒲蒲線』建設計画）を止める」と訴えて、トップ当選をしていたからだ。大田区議補選は小池都政を審判する選挙の側面も有していたのだ。

二〇二三年五月三一日の個人演説会で森候補は、外苑再開発問題について次のように訴えたのだ。

「いま命と暮らしに寄り添う政治が必要なのに、大田区でも東京都でも大企業との連携を進めるけれども、私たちの声が届いていない。新空港線『蒲蒲線』の問題も、神宮外苑の大規模伐採の問題も一部の企業の利権や利益によって、公共が歪められることがあってはならない。だから私はいま、止めなければいけない」「（神宮外苑の問題で）いま全国から二〇万にも迫る署名が集まっているのに、都議会も都知事もその声に耳を傾けていません。私はこの問題、『都民ファーストの視点ならすぐに変えるべきだ』と会派の中から言ったけれども『森喜朗さんの利権だから終わったことだ』と言われました。おかしいではないですか。そんな利権（絡みの事業）なら議会が止めないといけないのです」

この暴露発言を聞いて私は、「都民ファ」は「自民（利権）ファ」と呼んだ方がいいと思うと同時に、今回は無所属で出馬した森候補が古巣の都民ファ新人候補と戦うことになった経緯も理解できた。「都民ファの原点を貫く森愛候補　対　森元首相の利権放置の都民ファ新人候補」という対決の構図が見て取れたのだ。

さらに森愛候補はこう畳み掛けていた。

「この問題、東京都は『民間の開発だ』と言って責任転嫁をしていますが、それは間違いです。二〇一二年、当時の副知事と技官が森喜朗氏の元を訪ねて、東京五輪に向けたスポーツクラスター計画を提案した。まさに神宮外苑は東京都が主導した再開発そのものだからです。東京都こそが責任を持って、計画を見直すべきだと思っています」

これも核心を突く発言だった。そして元都民ファの森愛候補（当時。現・都議）を今回は立民と共産が支援していることにも合点がいった。外苑再開発問題をいち早く追及してきたのは共産党で、森元首相の利権であることについても二〇二二年四月二六日の記者会見で暴いていたからだ。「神宮外苑再開発をめぐる新たな事実について――情報開示文書から明らかになったこと――」と銘打った会見で、次のような指摘をしていたのだ。

「（この時に情報開示された）資料一は今から一〇年前の二〇一二年五月一五日に、佐藤広副知事（当時）ら都の幹部職員が、森喜朗元首相に新宮外苑再開発の計画案を説明した時、森氏に示したものです。これを見た森氏は、『佐藤さん、すばらしい案じゃないか』『あと一五年は長生きしないと』と大喜びした記録が、わが党の情報公開請求ですでに明らかになっています」「（情報開示された）資料二の左側の図のタイトルが『平成二四年五月に森会長へ説明した再整備のイメージ』となっており、それに対比する形で右側の図が示されています。神宮外苑再開発計画が、いかに森氏の意向重視で進められてきたのかが、改めて浮き彫りになりました」。

外苑再開発計画は当時、都民にも都議会にも全く説明されていなかったが、そんな中で東京都が森元首相に二〇一二年五月に説明した案を、新案の重要な基準としたことを都の公文書に公然と書いていたのだ。これを「驚くべきこと」とも指摘した共産党都議団は、外苑再開発事業をこう結論づけていた。

「今回の情報開示を通じて、神宮外苑再開発計画がスポーツ拠点整備とは名ばかりで、東京都が主導し、森元首相が一貫して深く関与して、開発事業者の三井不動産や土地所有者の明治神宮に利益をもたらす方向に変更されてきたこと、その結果として、樹木の伐採、歴史的景観の破壊をはじめ大きな矛盾に直面していることが、明らかになりました」

共産党の会見内容と大田区都議選での森候補の暴露発言を並べると、外苑再開発計画を〝森元首相利権〟といち早く断言した共産党が今回、自民（利権）ファと化した都民ファと決別した森愛候補を支援したのはごく自然の流れであることがよく分かるのだ。

小池知事支援候補と対決することになった森候補（現・都議）は、先の個人演説会で国際比較をしながら、元環境大臣の小池知事が「伐採女帝」と呼ばれることになった変節ぶりを説明していった。

「（神宮外苑は）渋沢栄一らが、先人たちが未来永劫守って欲しいと託した都市の貴重な緑です。世界の主要都市ではいま八〇年代の開発で失われた緑を都心に呼び戻す街づくりが行われている。ニューヨークでは一〇〇万本、フランスのパリでは五輪に向けて五四ヘクタール、まさに東京ドーム一一個分の緑化が行われているのに、大阪と東京では次々と樹木を伐採しています。神宮外苑だけではありません。公園街づくり制度を使って、東京都は稼ぐ公園作り——。都立公園に民間開発を次々と誘導し、日比谷公園でも葛西臨海公園でも一〇〇〇本を超える伐採事業が進められようとしている。私は都民の皆様の貴重な財産であり、そして気候温暖化、気候危機が叫ばれている中で何としても、この都市の緑を守っていきたい」

ちなみに同じく元都民ファ都議の音喜多駿参院議員（維新）は、森候補が立民や共産の支援を受けるようになった変化をブログで疑問視したが、緑がシンボルカラーの小池知事と都民ファが〝利権派〟へと変身したことは問題視しなかった。本質論から目をそらして森愛候補の揚げ足を取るのに躍起になっていたのだ。

それに比べて森候補は都民ファを離党した理由を街頭演説で説明しながら、維新と自民党と都民ファの公認候補がいずれも開発推進派であることをこう指摘していた。

「（大田区長選の）選挙を経て私は（都民ファの）会派を離党しました。取返しのつかない神宮外苑開発も、いま多くの政党の公認候補の方が手をあげていますが、そのどの候補の方も推進派なのです。ですから私は、やはり命と暮らしにしっかりと寄り添う都政を区民の皆様と対話の中から作っていくには、無所属で選挙を戦っていくことを決意しました」。

大田区都議補選の構図が鮮明になっていく。それは、「利権に塗れた古き土建政治の自民・維新・都民ファ　対　立民と共産支援の環境派無所属候補」というものだ。

投開票日の二〇二三年六月四日二二時すぎに森候補に当確が出ると、支援者から拍手と歓声が沸き起こり、万歳三唱の後、森候補の初会見が始まった。私が「伐採女帝とも呼ばれて外苑再開発強行をしている小池知事が推している候補に競り勝ったことになるが、その受け止めと緑が同じシンボルカラーの小池知事が変節してしまったような気がするが、どういう思いを抱いているのか」と聞くと、森候補はこう答えた。

「都議会では知事与党の一員として実現させていただいた政策も数多くあるので『いいことはいい』という思いと、都民の声を聞いていない傲慢なところがあったのではないかという思いがある」「ぜひ神宮外苑もそうですし、英語スピーキングテストもそうですし、多くの都民の思いというものをしっかりと受け止めていただきたいと思っている」。

しかし大田区都議補選で「小池都政ノー」の民意が示されても小池知事は、外苑再開発強行の姿勢を変えようとはしなかった。環境アセスメント分野の国際学会である国際影響評価学会（ＩＡＩＡ）元会長で日本支部代表の原科幸彦千葉商科大学長が六月一五日、都庁で記者会見を開いたのはこのためだ。「今回の都のプロセスは形だけと言わざるをえない」と厳しく批判し、科学的な議論が不十分だったと指摘した。そして審議会に専門家を招いて公開の議論を行うことや、評価書に対する疑義が解明されるまで工事中止を事業者に命じることも求めたのだ。

この会見には日本イコモスの石川幹子理事も同席、世界遺産級の文化財が破壊される恐れがある時に出される「ヘリテージ・アラート」をイコモス本部に要請しようとしていることも発表したのだ。

ちなみに環境アセスの第一人者の原科氏と会見に臨んだ石川氏こそ、外苑の現地調査で千本の樹木伐採と移植の実態を明らかにした立役者だ。しかし二〇二一年七月に作成された現地調査の資料（公文書）は、同月に事業者から都に提出された環境影響評価書案にはこのことが入っておらず、その後の住民説明会や都市計画審議会にも未提出だった。大量伐採を伴う環境破壊事業であることを示す公文書が隠蔽されたまま、環境アセスの手続きが進んでいたのだ。このことも共産党都議団が二〇二二年四月の会見で明らかにしていたが、まさに森元首相の利権事業を進めるために、通常では考えられない詐欺的な隠蔽工作が罷り通っていたのだ。

「次期総選挙の前哨戦」とも位置づけられた大田区都議補選は、各政党を仕分けするふるいの役割もはたした。利権まみれの外苑再開発に賛成する自民・維新・都民ファと、中止を訴えた無所属候補支援の立民と共産との間で線引きをすることができたのだ。

●虚偽発言を連発する維新議員——元都知事の猪瀬直樹参院議員のデマ演説

選挙戦最終日の二〇二三年六月三日、維新の猪瀬直樹参院議員は蒲田駅前での街宣、細田候補への支持を次のように訴えた。

「大田区の町工場で育った細田純代をぜひ東京都議会に送り込んでください。いま自公の候補と、それから立憲の候補、つまり五五年体制の候補が有力と思われているのですが、しかし勢いのある日本維新の会がそういった停滞する政党の壁をぶち破って、改革を進めていこうとしているのです」

本当は「外苑再開発推進（土建政治踏襲）の自民・維新・都民ファ 対 外苑再開発反対候補支援の立民・共産」という構図なのに、猪瀬氏は「五五年体制の自公と立民 対 改革政党の維新」という構図だと強調したが、これが事実誤認の虚偽発言だった。

というのは、二位で当選した鈴木候補は「自公の候補」ではなく自民党公認だった。次期総選挙での東京都内の候補者調整をめぐって自公の関係が悪化、今回は公明党の支援を受けられなかったためだ。だからこそ大田区都議補選の注目ポイントの一つは「公明党支援なしの影響がどの程度出るのか」であったが、こうした基礎的知識すら頭に入っていなかった猪瀬氏は、聴衆に向かって虚偽情報を垂れ流したことになるのだ。虚偽情報流布を禁じる公職選挙法違反の疑いがあるのは言うまでもない。

大阪が全国平均以下の成長率なのに都構想の住民投票で「成長を止めるな」というキャッチフレーズを使った維新は、虚偽発言を堂々と繰り返すのが得意技だが、二〇二二年に当選した〝新参組〟の猪瀬氏も例外ではなかったのだ。

「立民の候補」というのも事実誤認だった。森候補と市民連合おおたの会が外苑再開発反対などを盛り込んだ政策協定を結び、同じ政策協定を市民連合と政党（立民・共産・生活者ネットなど）との間でも締結。市民連合を介して立民や共産などが支援する〝ブリッジ共闘〟であったのだ。それなのに猪瀬氏は、市民と野党が支援した統一候補をまるで立民公認候補であるかのように印象づけるデマ情報を垂れ流したのだ。無所属の森候補に偽りのレッテルを貼りつける一方、「新しき改革政党の維新候補との対決」という構図を勝手に作り上げていたのだ。

実は、市民連合を介した〝ブリッジ共闘〟は衆参の国政選挙や参院広島再選挙などの補選で成果をあげている方式だ。二〇二三年四月の衆参補選全敗の立民がこれを採用した大田区都議補選で支援候補がトップ当選、次期総選挙に向けて反転攻勢の手がかりをつかんだともいえる。全国各地でお手本になるような連携方式を実践したともいえるのだ。

こうした共産党との選挙協力が有効なのは、「山口二区補選（二〇二三年四月二三日投開票）」で平岡秀夫候補（元民主党衆院議員）が善戦をしたことでも明らかだった。立民公認ではなく無所属で出馬した平岡氏は、軍拡反対と脱原発を柱とする政策協定を共産党と結んで実質的な野党統一候補となり、自民公認・公明推薦の岸信千代候補に惜敗率九割にまで迫ったのだ。大田区都議補選と同じような野党と市民が連携する態勢で臨めば、保守王国の山口でも与党候補とほぼ対等に渡り合えることを示していたからだ。

2　山口二区補選で野党統一候補となった平岡秀夫元大臣が大善戦──菅直人元首相ら超党派議員が結集

二〇二三年春の統一地方選と同時期に行われた衆参五補選の中で最も注目されたのが山口二区補選だった。自民党が衆参議席を独占する「保守王国山口」で、自民公認の岸候補に対して野党統一候補の無所属の平岡・元大臣が僅差で敗れたものの、互角に近い大接戦となったからだ。

しかも平岡陣営は超党派の野党議員と市民が連携する選挙戦を展開、次期総選挙のお手本となるような戦いぶりもしていたのだ。その象徴的な場面が、二〇二三年四月一一日の告示日の出発式。国道

野党連携（共闘）のモデルケースとなった山口二区補選で大善戦をした平岡秀夫候補。党派を超えた野党議員が結集した。

二号線沿いの選挙事務所前に党派を超えた国会議員や元議員が勢ぞろいし、一人ずつマイクを握っていったのだ。トップバッターは菅直人元首相で、以下のような世襲議員批判から応援演説の口火を切ったのだ。

「平岡さんがこの大変な時にもう一度立ち上がって頑張るという話を聞いて、私もこの山口県の生まれの一人として、駆け付けさせていただきました。しかし、今の山口県、率直に申し上げて一人残らずが二世候補という状況になっている。平岡さんのように能力があって、そして仕事が出来る人が必ずしもそういう二世の中にいるのかどうか。私は大変に疑問に思います。そういった意味で平岡さんはどうでしょうか。皆さん、もう一回、国会の場に戻していただけないでしょうか。皆さん、いかがでしょうか」

続いて菅元首相は、平岡氏が長年取り組んできた原発問題などの政策課題についても説明していった。

「この山口二区というのはある意味では日本の政治状況の象徴的な状況だと思います。特に今、大きな問題は三つあります。一つはやはり世襲の政治の問題と、そして原発の問題。さらには統一教会などの問題も山積をしています。特に私が総理の時に福島原発事故がありまして、今、ロシアが攻撃をしているところにも原発がある。こういうことを考えますと、日本には原発はいらないと思いますが、皆さん、いかがでしょうか。

野党連携（共闘）のモデルケースとなった山口二区補選で大善戦をした平岡秀夫候補。選挙では、岸田軍拡反対や脱原発などを訴えた。

平岡さんはこういった面でもしっかりと取り組んできています。どうか、今回の選挙、大変な選挙でありますが、逆に言えば、全国が注目をしている選挙。ここで平岡さんが皆さんの力で議席を奪還することができれば、日本のこの原発を止めようという動きにとっても大きな大きな力になる。このように確信をしております」

「平岡さん、ありがとう。よく立ってくれた」と切り出すハイテンションの訴えをしたのは、首藤信彦・元衆院議員。外交安保政策に詳しい首藤氏は、岩国の抱える特殊事情を説明した後、岸田軍拡の危険性について熱っぽく語っていったのだ。

「（台湾有事で）いま日本は、滅びようとしています。私たちは止めなければならない。その起点がこの岩国。平岡秀夫と共に立ち上がって、新しいきっかけを作るのです。

この岩国は一九五〇年の朝鮮戦争の時に最も大きな働きをした基地です。アメリカはずっとそこを狙って来た。その結果がいまこうです。もしアジアに、東アジアで戦争になれば、最初のミサイルは岩国に飛んでくる。岩国をそれたミサイルは五〇キロ先の（原発建設計画がある）上関に飛んでくるかも知れない。絶対にそういう状況を作ってはいけません。

平岡に平和を作らせて下さい。この国の未来を守らせて下さい。多くの人は『平岡はバカだ』と言いました。『この戦いは難しい』と。戦いは負けることがある。戦えば、叩き潰されることがある。しかし、戦わない者はもう負けているものだ。立ち上がらない者はもう潰されているものだ。だから我々は戦うのです。平岡秀夫と共に、皆さんと共に心を一つにして必ず日本を守りましょう。よろしくお願いします」

最後に平岡候補がマイクを握った。

「今日は皆さん、大変お忙しい中、また遠路はるばる、こうして私の出発式に来ていただきまして、本当にありがとうございます。心から感謝を申し上げます。私は、『この山口二区という選挙区は、日本の政治の課題、問題がぎゅーと詰まっている象徴的な選挙区である』というふうに申し上げてきました。まず一つは岩国基地に象徴される日本の安全保障政策の問題。二つ目は、上関原発計画に象徴される日本のエネルギー政策の問題。三つ目は、山口二区から選出されてきた政治家に対する、統一教会がどういう影響を与えてきたのかという問題。四つ目は、世襲政治の問題。五つ目は、これは地方の選挙区ですけれども、地方における高齢化、過疎化による地方の衰退の問題。これらの問題がぎっしりと詰まっているのがこの山口二区なのです」

この地域が抱える問題を列挙した上で平岡氏は、自民党が衆参の議席を独占する「保守王国・山口」での補選出馬を決めた理由について語り始めた。

「考えてみました。どうして私、こんな難しい選挙に出てみようという気になったのか。それは、故郷がこんな問題を抱える時に、私がやらなければ、本当に故郷の皆さんの気持ちを受け止めてくれる政治家がいないのではないか。それが今回、名乗りを上げさせていただいた最も大きな動機であったことに、ようやく私自ら気がつきました。

安全保障問題について言えば、敵基地攻撃能力を保有したら大変なことになります。もし日本が敵基地ということで攻撃をしたら、その反撃がこの岩国にやってくる。岩国はかつて太平洋戦争の時に駅前も空襲を受けました。空襲で亡くなった子供たちが沢山いました。そういうことがまた起こるかも知れない。

上関原発の問題は、ちょうど福島原発事故が起こった時に総務副大臣をやっていました。二度とこんな事故を起こしてはいけない。原発は人災なのです。作らなければ（原発事故は）起こらない。この上関は瀬戸内海に面している。もし同じような事故が起こったら、瀬戸内海は死の海になってしまう。そんなことを絶対に起こさせてはいけない。

統一教会の問題も世襲の問題も私が思うのは、この地域の人たちがそういう人たちの食い物になっているのではないか。そういうふうに私も思いました。

今日、ここには私の両親はいません。私の父は先の大戦で広島で被爆をしました。私は、そういう被害を二度とこの日本で、この山口県で、この山口二区で起こさない。そして山口二区が本当にみんなの力で元気になるという思いで頑張って参ります。ぜひ皆さんのご支援とご協力を賜りますことを心より申し上げて、私のご挨拶とさせていただきます」

出発式の後、菅元首相が囲み取材に応じた。そして「立民公認ではないことがプラスに働いた」と指摘した上で、「ある意味で理想的なスタートが切れたのではないかと思う」と満足げに語っていったのだ。

「今日応援に来られた顔ぶれを見ても分かるように、（立民公認ではないことで）逆に幅が広がっていると思います。つまり平岡さんの信念が、個人としての信念が党派を超えて広がっている。その最初のスタートだと思う」「政党と政党の約束事ではなく、平岡さんの考え方に賛同するいろいろな政党のいろいろな立場の人が応援に駆け付ける。そういう意味では広がりを持つ形だ」（菅元首相）。

告示翌日の二〇二三年四月一二日の日刊ゲンダイに衝撃的な記事が出た。タイトルは「山口二区補選は無所属の元職が猛追！　サラブレッド岸信千世氏の世襲自慢に有権者うんざり」。岸信夫・前防衛大臣の辞職に伴う衆院山口二区補選で、保守王国・山口で楽勝と見られていた長男の信千世候補を平岡元大臣が猛追、番狂わせが起こる可能性を示唆していたのだ。

当然のことながら自民党は危機感をつのらせ、世襲批判の払拭に躍起になっていた。告示日の四月一一日に続いて一三日に二度目の山口入りをした下村博文・元文科大臣は、岸候補の個人演説会に駆け付けて、「（演説会が開かれた）熊毛地区は負けているかも知れない。全般的にも優位ではない」とまず情勢を報告。続いて家系図掲載による世襲批判に反論するべく、「『二世』『三世』と揶揄されるようなメディアの報道があるが、これほど素晴らしい新人はいない！」と太鼓判を押したのだ。

さらに下村氏は、かつて安倍元首相が「（自らの選挙区である山口四区の後継として）信千代さんのような人が欲しい」と語ったエピソードも紹介。何と、山口二区だけではなく山口四区からも白羽の矢が立つ〝超大型世襲候補〟と持ち上げたのだ。そして、こう締め括った。「皆様のお力でまず初陣を飾ることができれば、大きく大きく世界の中で大活躍できる。総理大臣にもなる可能性がある」。

しかし自民党支持者でさえ岸候補の評判は今一つで、「東京で生まれ育った落下傘候補。地元のことはよく知らない。演説も抽象的で具体性に欠ける」と酷評する人もいた。

実際、選挙区に関する基礎的知識不足はビラや演説からも一目瞭然だった。会場で配布された政策ビラには、山口二区内にある米軍岩国基地や上関原発計画にどう取り組むかが明記されていなかった。個人演説会のハイライトである候補者本人の決意表明でも、抽象的な常套句のオンパレードで、具体性に乏しい演説内容であったのだ。

「山口二区を見ると、岩国基地であったりとか、後はエネルギーの課題。そうした国策にも通じる課題も抱えています。ある意味、日本の縮図ともいえる山口二区から立候補します。その覚悟は、この山口、この日本の未来を創っていく。その未来に一歩ずつ歩んでいく。その決意を持って立候補しました」

信千代候補の演説を聞いた人から「『未来を創る』と言われても、何をやろうとしたいのかが分からない」という不満の声が出ていた。「これでは平岡氏と接戦になるのは当然だ」と誰もが思うほどお粗末な内容だったのだ。

山口二区内の地元事情通は、思わぬ接戦となっている要因を次のように説明してくれた。

「東京で生まれ育った信千代候補の弱みは、地元に同窓会がないこと。それと比べて平岡候補は小学校も中学校も高校も地元で、同窓会仲間が動いてくれることが強みだ」

幼稚園から大学まで慶応のシティボーイの信千代候補は、山口二区内で人間関係をほとんど築いていない落下傘候補に等しいというわけだ。その弱点をカバーするのが、企業団体に働きかける組織選挙のようだった。自民党が得意とする選挙手法だが、二度目の山口入りした下村氏は早々に実践していた。先の個人演説会で「今日は岩国で社員が一〇〇〇人近くの大きな企業に行ってお願いをして参りました」と報告をしていたのだ。

思わぬ接戦の要因は他にもあった。地元の自民党関係者は「岸陣営の緩み」をあげた。

「岸陣営は共産党候補しか出ないと踏んで緩み切っていました。選挙事務所を見ても、平岡陣営との違いは一目瞭然。市内の幹線道路（国道二号線）沿いの一等地に平岡候補の選挙事務所があるのに対して、岸陣営は幹線道路から少し入ったビルに選挙事務所を構えた。後援会幹部の自社ビルの隣で、『共産党が相手だから目立たない場所でも楽勝』と高を括っていたのでしょう。それで、かつて自分たちが選挙事務所に使っていた一等地を平岡候補に抑えられてしまったとしか見えないのです」

緩みの産物と見られるミスは他にもあった。山口二区の保守層は、佐藤栄作・元首相支持者が源流の「佐藤派」と、岸信介元首相から孫の信夫氏までを支えて来た「岸派」に分けることができるが、信千代候補の家系図が佐藤派の怒りを買ってしまったというのだ。

「例の家系図から佐藤栄作・元総理の息子で山口二区の衆院議員だった佐藤信二・元大臣が抜けて

いた。これに佐藤派関係者は激怒、『今回は平岡に入れる』と息巻く佐藤派幹部が出てきたほどでした。これまでは岸派と佐藤派が足並みをそろえて自民候補を応援してきましたが、状況は一変したのです」

世襲批判が噴出した家系図問題は、無党派層の自民党離れを招いただけでなく、佐藤派の怒りを買って従来の自民党基礎票を固めることさえも困難にしていたのだ。先の日刊ゲンダイが「山口二区補選は無所属の元職が猛追！」という見出しで報じたのはこのためで、番狂わせが起きても不思議でないほど両候補の世論調査の数字は拮抗していたのだ。

この緊急事態を受けて岸陣営はなり振り構わぬテコ入れを行った。安倍元首相死去に伴う山口四区補選で安倍昭恵夫人は、告示日から後継候補の吉田真次・前市議に付き添って「夫の議席死守」を訴えていたが、かなりリードしているとの世論調査結果に安心したためか、山口四区を離れて山口二区にまで駆け付けて信千代候補の応援演説をしたのだ。

山口三区選出の林芳正官房長官（当時は外務大臣）も、山口四区の吉田候補の応援には行っていなかったのに山口二区の信千代候補の応援演説はした。もともと林氏の支持基盤は山口四区内の下関市で、「小選挙区は安倍元首相、参院山口選挙区は林氏」という棲み分けをしていたが、山口四区の保守層も山口二区と同様、安倍派と林派にわかれており、下関市長選ではどちらの派が市長ポストを奪取するかの熾烈の戦いをしてきた過去もあった。林派の下関市議がいるなど山口四区内に支持基盤がある林氏が、昭恵夫人支援の安倍派の吉田候補にそっぽを向いていたのは両派の確執が原因であるのは間違いないのだ。

●山口二区補選で大善戦の平岡秀夫候補　次期総選挙で再挑戦

投開票日の二〇二三年四月二三日、岸候補に約五八〇〇票差まで迫った平岡候補の選挙事務所は敗北したとは思えない高揚感に包まれていた。ＮＨＫが相手候補に当確を打ったのを受けて平岡氏は支持者に挨拶、記者団の取材にも応じたが、「政治との関わりは持ち続ける」と明言して次期総選挙での再挑戦について可能性を示唆したのだ。

――（別の記者）先ほど「政治との関わりは持ち続ける」というお話がありましたが、衆院選山口二区での出馬や岩国市長選も視野に入っているのでしょうか。

平岡候補　それは今回応援してくれた方々とも相談しなければならない話ですから、今、この時点で私がどうこう言うことは差し控えたいと思います。

――（別の記者）周りの人のご意見もあるでしょうが、ご自身のお気持ちとしてはどのような判断なのでしょうか。

平岡候補　（コメントを）差し控えたいと思います。（会場から笑い）

――（別の記者）補選に出るまでは東京で弁護士活動をされていたわけですけれども、しばらく当面は岩国でやりたいということでしょうか。

平岡候補　これから考えます。（会場から笑い）

――（別の記者）結論はいつ頃出ますか。

平岡候補　分かりません。

このやりとりを受けて私は、「同じ質問なのですが」と断りつつ、次のような確認の質問をした。

――（山口二区からの出馬など今後の対応について）コメントを控えるということは、年内にも予想される総選挙への出馬の可能性は残すという理解でよろしいのですよね。これだけ善戦されたわけですから。

平岡候補　コメントは差し控えさせていただきます。

――ということは「（次期総選挙出馬の）可能性は残る」という理解でいいわけですよね。

平岡候補　コメントは差し控えます。

笑顔を浮かべながら平岡氏がこう答えると、再び支援者から大きな笑いが沸き起こった。会見後、平岡氏の隣に座って投開票を見届けていた立憲民主党の篠原孝・衆院議員が「私が代わりに答えます」と言って、次期衆院選に山口二区から平岡氏が出馬し、再び国会議員になる可能性は十分あると解説してくれた。

「これで総選挙になった場合、（補選よりも）もっと差が縮まると思います。中国ブロックは柚木（道義）衆院議員と湯原（俊二）衆院議員が二人比例復活していますが、平岡さんが山口二区で勝てる可能性もあるし、僅差で負けても比例復活の可能性は十分ある。平岡さんのためにも、解散総選挙を早めにやってもらった方がいい。（支援者の熱）気が抜けないうちに」

一カ月の超短期決戦で、これだけの僅差の投開票結果になったので、次期総選挙では今回以上に時間をかけることができるので、小選挙区での勝算は十分にあり、僅差で敗れても比例復活の可能性も十分にあるというのだ。敗れたとはいえ、平岡候補の選挙事務所が高揚感に満ち溢れ、「次も頼むよ！」と声が飛んだのはこのためだったのだ。

自民党が衆参議席を独占する「保守王国・山口」で大善戦をした平岡氏の選挙結果は、世襲問題や原発回帰や軍拡に邁進する岸田政権への反発が強いことを物語るもので、野党陣営を勇気づけることになったのだ。その翌月の五月三一日、平岡氏は山口二区の立憲民主党公認候補として立候補することを発表した。

なお同日に投開票された衆参五補選は、維新が勝利した和歌山一区補選を除いて自民党が四勝した。しかし政府関係者は「官邸に高揚感はない」とコメント。接戦が多かったことなどが理由で、日本テレビが「『勝った気がしない』『中身が悪い』　衆参五補選で自民四勝も岸田首相の表情硬く」と銘打って報じたのはこのためだ。

立憲民主党は補選で全敗したものの、平岡氏の大善戦で次期総選挙に向けた反転攻勢の足掛かりをつかむことができた。「共産党を含む超党派の野党と市民が連携すれば、自民党が議席を独占する保守王国でも互角に渡り合える」という教訓を得たからだ。

統一教会問題について説明責任を果たさない自民党の姿勢も明らかになった。信千代候補の個人演説会の終了後、下村氏を直撃した。

——先生、統一教会問題は争点になりませんか。統一教会問題。

下村元大臣　どうですかね。

——先生が来るとマイナスになりませんかね。（統一教会と）ズブズブの関係が報道されて。

下村元大臣　どうですかね。

——争点にならないということか。

下村元大臣　どうですかね。

——お父さんの岸信夫さんもズブズブの関係だったではないか。（告示日に山口四区と二区に入った政調会長の）萩生田さんもズブズブの関係で、みんな応援に来ている人、（統一教会と）ズブズブではないか。

下村元大臣　無言のまま車に乗り込む。

白いジャンバー姿で握手をして回り、中年女性から「ファンになりました」と声をかけられた信千代候補にも同じ質問をぶつけたが、一言も答えることなく走り去った。

——（名刺を差し出し）横田と申します。統一教会問題——。

信千代候補　はい、はい。
スタッフ　ちょっと無理です。
――統一教会問題、争点にならないのか。
信千代候補　無言のまま支持者に挨拶と握手を続ける。
――（走り出した候補を追いかけつつ）信千代さん、統一教会問題、争点にならないのか。下村さんが応援するとマイナスになるのではないか。お父さんはなんで（統一教会と）関係が出来たのか。関係、断絶するのか。統一教会問題について一言。争点になりませんか。
信千代候補　振り向くことなく走り続ける。
――（追いかけながら）信千代さん、統一教会問題について一言。争点になるのではないか。下村さんが来るとマイナスにならないか。（告示日に来た）萩生田さんもズブズブの関係ではないか。「統一教会問題、関係しない」と楽観視しているのか。
信千代候補　無言のまま車に乗り込む。

第6章　高まる政権交代の気運

島根一区補選で当確後に万歳をする亀井亜紀子候補（現・衆院議員）。

1　島根一区など補選全勝で勢いづく泉健太代表

与野党激突となった「島根一区補選（二〇二四年四月二八日投開票）」で、岸田文雄首相との〝応援演説対決〟を制した泉健太代表が勢いづいている。五月一〇日の記者会見では、裏金議員全員の小選挙区に対抗馬を擁立する方針を表明。次期総選挙での「小選挙区二〇〇人擁立」の目標を上方修正する可能性も示唆したのだ。

島根一区など三補選全勝後の世論調査も好調。五月六日のＪＮＮの世論調査では、自公政権の継続を望むが三四％に対して政権交代を望むが四八％と上回る一方、政党支持率も自民党が一・六％減の二三・四％と下落傾向なのに比べて立憲民主党は四・一％増の一〇・二％と差は縮まりつつあるのだ。二〇二三年春の統一地方選と同時期に行われた衆参五補選は立憲全敗（第5章2節）、同年秋の二補選（衆院長崎四区と参院徳島高知選挙区）は一勝一敗であったから、ここ半年で劇的に勝率が向上したのだ。最大の要因は自民党の裏金問題発覚であろうが、立憲と共産との候補者一本化が効果を発揮したことも忘れてはならない。補選三連勝となった島根一区も東京十五区も長崎三区も、共産は候補者を降ろして野党連携（共闘）が成立していたのだ。

第5章2節で「山口二区補選」（二〇二三年四月二三日投開票）で平岡氏が大善戦をしたことについて、「立憲民主党は次期総選挙に向けた反転攻勢の足掛かりをつかむことができた」「『共産党を含む超党

島根一区補選の最終日に「島根から日本の政治を変えよう」と訴えた亀井亜紀子候補（現・衆院議員）。泉健太代表も応援に駆け付けた。

派の野党と市民が連携すれば、自民党が議席を独占する保守王国でも互角に渡り合える』という教訓を得た」（一九五頁）と指摘したが、この教訓が一年後の補選で活かされることになったのだ。

ちなみに島根県も自民党が衆参の議席を独占する「保守王国」。しかも岸田首相が二度も自民公認候補の応援で島根一区入りをしていたのに、立憲公認の亀井亜紀子候補が競り勝った。この天王山を制したことが与野党の明暗を分け、一気に政権交代の気運を高めたのは確実だ。

当確後の万歳とNHKによる代表会見を終えた亀井氏を直撃、岸田首相が二回も入ったことについて聞くと、こんな答えが返ってきた。

「この保守王国でこういう、八時の時報と共に勝つことができたのは本当に画期的なことだと思います。岸田さんが二回入った上での勝利ですから、それは、裏返せば、岸田さんはいかに人気がないことが証明されたのかなと思っています」

続いて補選中に「島根から日本の政治を変える」と訴えていたことについても聞くと、亀井氏は「今回の結果が日本の政治を変えるきっかけになればと思います」と答えた。

実際、補選で亀井氏は古い土建（利益誘導）政治からの脱却を訴え続けていた。選挙戦最終日の四月二七日には「古い政治を一掃」のプラカードを持った支援者が何人も県庁前に集まっていたが、亀井氏は立ち並ぶプラカードを指差しながら「古い政治を一掃し、増税を止め、ここ自民王国と言われている島根から皆さんの力で政治を変えて下さい」と訴えながら、こう続けた。

「（応援に駆け付けた仲間が同じ飛行機に）『自民党議員が一杯乗っていた』と言うのです。その人たちが業界団体を回って、いわゆる業界団体の締め付けをやっている。『やっぱり自民党でなければ、大変だよ』と言って回っているわけです。それに（野党は）今まで負けて来てしまった。今度は皆さんの力で、上から上からの圧力に何とか打ち勝って、ここから島根から政治を変えて下さい。私を勝たせて下さい」

こう訴えて亀井氏がマイクを置くと、聴衆から「そうだ！」の声と拍手が沸き起り、選対委員長の石橋通宏参院議員が「古い政治を一掃して政治を島根から変えて参りましょう。皆さんの一票でしか政治を変えることはできません。どうかよろしくお願いします」と締め括った。

たしかに衆院三補選で唯一の与野党対決となった島根一区補選では、自民党がなりふり構わぬ総力戦を展開していた。ここで元財務官僚の錦織功政候補（自民公認・公明推薦）が元立民衆院議員の亀井氏に敗れれば、他の二補選は不戦敗であることから「補選全敗」となって岸田降ろしが始まることは確実。そのため岸田首相の命運を左右する一大決戦と化していたのだ。

岸田首相の危機感は、ラストサンデーの四月二一日に続いて投開票前日の四月二七日にも応援に駆け付けたことでも見て取れた。細田博之・前衆院議長の死去に伴う島根一区補選であったが、「弔い合戦で楽勝」との見方は裏金問題で吹き飛び、世論調査では錦織氏の劣勢が続いていたのだ。

四月二一日の応援演説で岸田首相は「自民の政治とカネの問題で大きな政治不信を引き起こしてしまっている」と陳謝したのはこのためで、細田氏が裏金問題の〝震源地〟といえる安倍派元会長だった負のイメージを和らげようとしていたのは間違いない。石破茂元幹事長や小泉進次郎元環境大臣ら裏金問題を想起しない無派閥議員が前面に立って応援演説をしたのも、同じ狙いであるのは明らかだった。

しかし裏金問題は岸田派でも発覚、岸田首相の不人気ぶりは過去最低レベルの内閣支持率が物語っていた。

そのため「（四月二〇日に応援に駆け付けた元環境大臣の）小泉進次郎さんは人気抜群でプラスでしょうが、岸田首相が来ても票が増えるのか」と疑問視する自民党支持者もいた。地元の地方議員からも「首相が来てもプラスにならない」との声が出ていたが、それでも岸田首相（総裁）の島根入りが実現したのは自民党本部からの依頼であったためだ。錦織陣営が頼んでいないのに、総理の意向で押し掛けていたのだ。

そこで四月二一日の松江市郊外での街宣と聴衆とのグータッチを終えた岸田首相に向かって、「岸田さん、（応援演説）頼まれないのに来たのではないですか。不人気ぶりを自覚していないのですか。逆に票が減るのではないですか」と大声を張り上げた。車に乗り込んだ岸田首相が窓ガラスを開けて

「お世話なります。どうぞよろしくお願いします」と聴衆に手を振っていた時のことだ。しかし岸田首相は、私の声かけには答えることなく、走り去った。

無派閥有名議員を前面に出す〝安倍派隠し〟と並ぶ錦織陣営の選挙対策は、地元選出の大物議員を連呼することだった。岸田首相は四月二一日の応援演説で「細田博之先生はいうまでもないが、（元首相の）竹下登先生、（義弟の）竹下亘先生、（元官房長官の）青木幹雄先生。そうそうたる先輩方がそろっておられた」と訴えた。

投開票二日前の四月二六日には、その一人である故・青木元官房長官の息子である一彦参院議員が松江駅前でマイクを握って、錦織氏への支持を訴えた。裏金問題にまみれる今の自民党ではなく、一昔前の自民王国島根の姿を思い出してもらい、細田氏が九回連続で当選してきた議席を死守しようとしていたのだ。

しかし聴衆の一人からは「裏金問題はどうした」というヤジが飛ぶなど、有権者の反発が和らいだとは言い難かった。

その受け皿になろうとしているのが亀井氏で、岸田首相と同じラストサンデーに島根入りした泉代表は「本当は今の自民党政治には嫌気がさしているのではないか。今こそ一緒に立ち上がりましょう」と亀井氏への支持を訴えた。

政治の刷新を訴えたのは亀井氏も同じだった。古い自民政治の象徴として、岸田政権がトリガー条項（ガソリン減税）を発動せずに業界への補助金で対応していることをあげ、国民第一の政治への転換を訴えたのだ。

島根一区補選の亀井亜紀子候補の最終街宣で「古い政治を一掃しよう！」というプラカードを持つ聴衆。

新旧の政治対決の様相を呈しているのは、政策論争だけでなく選挙手法でも同じだった。錦織陣営が力を入れているのが組織選挙。島根入りした自民党議員が建設関係や農業関連などの業界団体を回り、錦織氏への支持拡大に励んでいた。パーティー券を買ってくれる企業団体に頼る〝締め付け選挙〟を展開していたともいえる。

そこで四月二一日の街宣を終えた泉代表に「企業団体締め付け選挙を相手方が展開している」ことについて聞くと、こんな答えが返ってきた。

「一人ひとりの市民の方からすれば、（企業や団体の）上から言われることに様々な苦しみや悩みを感じられている方もいると思いますが、そういう人たちに『上の人の言うことを聞く必要はないよ』『これは一人ひとりの考え方で投票しよう』と我々繰り返し言って、何とか勝ち切りたいと思っている」「いろいろなところから（自民公認候補支援要請の）指示が来て『今回はここにポスターを貼ってくれ』とか

『（自民公認候補に）投票してくれ』という声があるのは聞いている」。

ラストサンデーの六日後、選挙戦最終日の四月二七日にも泉代表は島根一区に入り、岸田首相と二度目の応援演説対決となった。亀井氏の最終街宣でマイクを握った泉代表は、岸田首相を次のように批判した。

「岸田総理、何か忘れてはいませんか。島根一区に入ってくるのだったら、何か大切なものを持ってくるのではないですか。何を忘れてきたのか。政治改革案です。空っぽではないですか。何も無いのになんで来たのですか。『（政治改革案は）連座制もどき、以上』。何ですか、これは。私たちは今回、自民党の不祥事で政治そのものが信頼を失うことに、本当に悔しさを感じています。『許せない。情けない。こんな政治を変えないといけない。まず変わるのは自民党だろう』とずっと言ってきた。

去年（二〇二三年）一二月に裏金問題が発覚して、もう五カ月も経っている。五カ月経って何が進みましたか。真相究明も進まない。処分も不十分。そして、いよいよ、この選挙があるからと言って、急ごしらえで出してきた政治改革案が、その餡が入っていないお餅になってしまっている。自民党の作った大福には餡が入っていない。こんなおかしな政治、納得がいかないですよね」

泉代表がこう訴えると、この時も大きな拍手が沸き起こった。

故・細田博之衆院議長が九回連続当選をするなど衆参議席を自民が独占する「保守王国・島根」で亀井氏が勝利した衝撃は永田町を直撃、「補選全敗の岸田首相では選挙を戦えない」という見方がさらに広がった。当然、秋の総裁選での再選が絶望的になると同時に、政権交代の可能性が一気に高まることにもなったのだ。

2　東京十五区補選で失速した小池百合子知事

東京十五区補選の告示三日前の四月一三日、「都民ファーストの会」特別顧問の小池百合子知事は四月八日に出馬表明をした作家の乙武洋匡氏の応援に駆け付けた。マイクを持った聴衆から「学歴詐称はどうした」「売国奴」といったヤジが飛んでも小池知事は完全無視、学歴詐称報道にも自民党裏金問題にも全く触れずに障害者問題に絡めながら乙武氏への支持を呼びかけた。

街宣終了後も二人で聴衆とハイタッチしていったが、その最後尾で待ち構えて私は小池知事に「また『カイロ大卒』と（選挙公報に）書くのですか」と声かけ質問をした。しかし一瞬、視線をこちらに向けたものの一言も発することなく、その場から離れて行き車に乗り込んだ。

そこで再度、窓ガラスを開けて支持者に微笑む小池知事に「学歴詐称報道について一言」と大声を張り上げたが、そのまま走り去った。

「カイロ大卒と書くのか」と聞いたのは、「元側近の爆弾告発」（文藝春秋五月号）をきっかけに小池百合子都知事の学歴詐称疑惑が再燃していたためだ。しかも、告発した元都民ファーストの会事務総長の小島敏郎氏は二〇二〇年の都知事選直前に疑惑を沈静化させる「カイロ大声明」を自らが提案したことを暴露。四年前の虚偽記載は時効となっているものの、再び「カイロ大卒」と選挙公報に記せば、「刑事告発する。証拠を保全している」と記者会見で小島氏は語ってもいた。これを受けて私は、小池知事に声かけ質問をしてみたのだ。

●破綻した小池都知事のシナリオ

〝裏金自民〟アシストの小池百合子都知事が「東京十五区補選（二〇二四年四月二八日投開票）」で支援した乙武候補が落選して失速、国政復帰への道が遠のくことになった。女性初の総理大臣への道が再び見えてきた瞬間、学歴詐称疑惑を報じた〝文春砲〟が直撃、都知事選三選すら危うくなった――そんな目まぐるしく展開する〝小池劇場〟が再び開幕していたのだ。

過去最低の内閣支持率にあえぐ岸田首相と入れ替わるかのように、小池知事のメディア露出度が二〇二四年になってから急増。国会議員でもないのに上川陽子・外務大臣と並ぶ「女性初の総理大臣候補」と持ち上げられ、都知事を電撃辞任して東京十五区補選に出馬するなど国政転身の可能性が囁かれるようにもなったのだ。

「絵空事ではなさそうだ」と印象づける朝日新聞の記事が出たのが三月一二日。「八王子市長選（一月二一日投開票）」から間もない夜に自民党都連会長の萩生田光一と小池知事が会食し、今夏の都知事選に小池知事が三選を目指す場合は支援し、小池知事が自民党に復党を望めば後押しする考えも示したと報じたのだ。

八王子市が選挙区（衆院東京二四区）の萩生田氏が小池知事に感謝したくなる心情は、市長選を取材した記者ならすぐに分かる。本来なら陣頭指揮を取る役割を担っている地元選出の衆院議員なのに、裏金問題で表に出ることを控えざるを得ない状態になっていたからだ。実際、萩生田氏は自民支援候補と街宣車に乗ることは一度もなく、室内に支援者を集めて支持をひっそりと訴えるだけだった。ただし高市早苗大臣を応援弁士として呼んだ一月一六日の個人演説会では、冒頭で挨拶。「政治資金問題で地元の皆様にご心配をかけて申し訳ない」と切り出した後、こんな検察に対する〝勝利宣言〟を萩生田氏は発していた。

「ワイドショーを見ていると、だんだん私が（裏金問題の）真ん中にいる（聴衆から笑い）。『大丈夫か』と街の中でみんなが話していたのだろう思いますが、そういう問題ではなくて、『修正をきちんとする』ということになっておりますので、東京地検に連れて行かれることはございませんので、しっかりと頑張っていきたいと思っています」（この萩生田氏の発言動画は二〇二四年一月二一日公開のネット番組「横田一の現場直撃」で紹介）。

「政治資金収支報告書の修正をすれば大丈夫。逮捕されることはない」という安心感が滲み出るような萩生田氏の発言だが、それでも世間の批判を気にしてか、街頭演説で同じような訴えを堂々とすることはなかった。

前面に立つことを控えていた萩生田氏の代役を務めたのが小池知事だった。投開票日の二日前の四月一九日に現地入り、街宣車上で自民推薦の初宿和夫候補と並んで支持を呼びかけたのだ。世論調査では、元都民ファ都議の滝田泰彦候補（立民・共産・社民などが支援）にリードを許していたが、最終盤で自民推薦候補の逆転勝利を呼び込む原動力となったのだ。

政治とカネの問題で逆風にさらされる自民党に小池知事が助け舟を出したのは、八王子市長選だけではなかった。「江東区長選（二〇二三年一二月一〇日投開票）」でも、小池知事は自民と相乗りをした大久保朋果候補（現・区長）の勝利に貢献した。都民ファと自公と国民民主が推薦する候補の応援演説を繰り返したのだ。

この江東区長選は、地元選出の柿沢未途・前衆院議員（自民党）と共に買収で逮捕された前区長の辞職に伴うもので、自民党は独自候補擁立を断念せざるを得なかった。そこに都民ファと自民が相乗り可能な都幹部候補を擁立、野党系候補に競り勝って自民党は不戦敗を避けることができたのだ。

自民党に恩を売ろうとする小池知事のシナリオは簡単明瞭。「国政選挙出馬・自民党復党・総裁選勝利」の三段階で自民党総裁となり、「女性初の総理誕生」を旗印に直後の解散・総選挙でも勝利するというものだ。小池知事の知名度からすれば国政選挙での勝利は確実で、第二段階の自民党復党も前政調会長の萩生田氏のお墨付きを得たし、総裁選でも不人気な岸田首相に負けるはずがない——こんなバラ色の近未来図を思い描いていたのは確実だ。

自民党と連立を組む公明党との思惑とも一致した。内閣支持率が低迷したまま総選挙に突入すれば、現有議席の大幅減は避けられない。そこで岸田首相による早期解散に反対する一方、小池知事の国政転身と女性総理待望論の気運醸成に努めることが党勢維持の至上命題になっていたのは確実だ。

次期総選挙での落選の恐れが高まりつつある自民党衆院議員にとっても、小池知事の復党と総裁選勝利は願ってもないことに違いない。

実際、小池知事の「選挙の顔」としての存在感や発信力は、岸田首相を遥かに上回る。江東区長選や八王子市長選で自民支援候補の勝利に貢献した実績も見せつけた。萩生田氏から自民党復党の後押しを取り付けるのに成功したのはこのために違いない。

その勢いを買って「小池知事が電撃辞任、東京十五区補選に出馬するのではないか」との見方が広まりつつあったが、結局、作家の乙武氏が代わりに出馬することになった。

四月八日一四時、作家の乙武洋匡氏が衆院東京十五区補選への出馬会見を開き、「無所属」での出馬を表明した際、自民党相乗りの可能性について質問した。「小池知事は二回すでに自民党にアシストをしている」と切り出し、江東区長選と八王子市長選について説明した上で、「現時点では（自民党推薦決定は）なくても今後、自民党からの支援あるいは推薦、何らかの応援を（受けるのか）」「政治とカネの自民党への怒りを静める役を買って出る可能性はないのか」と聞くと、乙武氏は次のように答えた。

「私自身、そもそも裏金問題に対しては激しい憤りを感じている。またルールを守らない不正なお金の使い方、貯め方をしていることに対して許せないという気持ちは強く持っている。ただ選挙というのは、その時、その時の構図によって誰が誰を応援することが恐らく変わってくると思う」「少なくとも今回、私自身は裏金問題は許すことができないという立場で選挙に臨むつもりだし、そういった姿勢でいる私を小池さんも応援してくれるのであれば、恐らく小池さんもそういった気持ちではないかというふうに思う」

自民党の支援について明確に答えないので、「裏金自民党と相乗りする可能性はゼロなのか。今後、ありうるのか」と確認すると、乙武氏は「現時点ではどこの政党にも推薦依頼を出していない」と強調したものの、自民党との相乗りの可能性を完全に否定はしなかった。

「私の政策を見た上で、どの政党が『推薦を出したい』と言って下さるのかは分からない。なので『ゼロ』とはもちろん言えない」（乙武氏）。

裏金問題に「激しい憤りを感じている」のに乙武氏は自民党との相乗りの可能性に含みを持たせたのだ。

しかし四月一六日の告示日までに自民党推薦が決まることはなかった。乙武氏が推薦依頼を出さなかったことや、相乗りが逆風になるとの会見での発言が自民党関係者の反発を招いたことなどが要因として挙げられたが、知名度の割に伸び悩んだ世論調査結果が影響を与えた可能性も十分にある。自民党が「乙武氏を支援して負けるよりも不戦敗の方がまだまし」と考えても不思議でないのだ。

小池知事とツーショットポスターを作成した乙武氏支援に自民党が慎重になる要因は他にもあった。『文藝春秋』五月号に元側近の小島氏の爆弾告発記事が掲載されたことだ。

●都知事側近の離反

総理ポストへの道を突き進んでいる手応えを小池知事が感じている真っ最中に、はしごを外されるような事態に陥ってしまったのだ。皮肉なことに「女性初の総理大臣」が現実味を帯びて来たことが、小島氏の背中を押すことになったと読み取れるのだ。文藝春秋の告発手記には、次のように記されている。

「小池さんは一時、国政への復帰が噂され、さらには次の総理候補としても取り沙汰されていました。意を決して、私が手記を発表しようと思い立ったのは、このままでは、日本の政治が危うくなると感じたからです。民主主義を守りたい、そのために力を尽くしたい、と」

小池総理が誕生した場合、日本の政治は危機的状況に陥り、民主主義は破壊されかねないという警告である。なぜ、これまで小池知事を支えてきた側近中の側近が正反対のダメ出しをするようになったのか。それは、元環境大臣で緑がシンボルカラーの小池知事が学歴詐称問題で自民党に借りを作り、古き自民党利権（土建）政治の継承者に変節してしまったからだ。このことが爆弾告発を読むとよく分かるのだ。

環境省のキャリア官僚だった小島氏は、小池環境大臣時代に「クールビズ」を提案して共に推進。その手腕を買われて小池氏が二〇一六年七月の都知事選に出馬した際も、築地市場移転問題を〝目玉政策〟にするブレーン役を務めた。この問題に長年取り組んできた対立候補の宇都宮健児弁護士に先んじて築地で街頭演説、「一歩立ち止まって考える」と宣言して脚光を浴びた時のことだが、都知事就任後は特別顧問に抜擢され、移転問題に取り組んでいったのだ。

翌二〇一七年の都議選では創設した都民ファーストの会は五五人が当選、自民党に圧勝すると、小島氏は同党の都議団政務調査会事務局長も務めることにもなった。

小島氏が小池知事と袂を分かって全面対決する立場になったことも目の当たりにしていた。神宮外苑再開発が争点になった大田区都議補選を取材した時のことだ（第5章1節参照）。

この補選で当選した元都民ファの森愛候補（現・都議）は、小池都政が進める外苑再開発を問題視して都議会で取り上げようとしたら都民ファ幹部に止められたことから離党。同じ元都民ファ都議がメンバーで、小島氏がアドバイザーを務める「ミライ会議」所属になっていたのだ。

先の文藝春秋の「爆弾告発」には、自民党の二階俊博幹事長（当時）に学歴詐称疑惑の〝火消し役〟を頼んだことに加え、再選を果たした後、古い都政に逆戻りしていったと振り返ってもいた。こうした経過と爆発告発記事を並べると、共に環境派の小島氏と森愛氏が離れていった理由が鮮明になる。環境派のはずだった小池知事が「森喜朗元首相の利権事業」とも言われる外苑再開発を推進する立場に変わったことこそが、小島氏と森愛氏との決別の原因となっていたのだ。

自民相乗りの江東区長選で大久保区長（候補）の応援に駆け付けた小池知事に向かって、「伐採女帝と呼ばれていますよ。緑のシンボルカラーは大嘘ですか。外苑再開発ゴリ押しするのですか。『緑のたぬき』と呼ばれますよ」と大声を張り上げたことがあった。街頭演説を終えて聴衆に手を振っていた時のことだが、小池知事はここでも完全無視を押し通したのだ。

都合の悪い質問には答えない姿勢は、都議会でも同じ。先の告発手記にはこんな部分がある。「都知事選再選以来、都議会でカイロ時代の小池さんに関する質問が出ています。しかし、小池さんしか知りえず、どこでも説明していないことなのに、小池さんは答弁に立たず、東京都の局長に『知事がこれまで議会など様々な場面でお伝えしてきた』と答弁させています」

この答弁拒否は都政全般に及んでおり、立民の関口健太郎都議は都議会での答弁拒否率を算出、小池知事の姿勢を厳しく問い質した。すると、これを小池知事与党の都民ファと自公は問題視、質問を議事録から削除する動議を提出するという前代未聞の暴挙に出たのだ。当然、都議会は紛糾し、報道もされたことから結局、動議は取り下げられたが、民主主義を破壊する小池都政の独裁的体質が露わになったのだ。

その直後の三月二九日、「#都議会やばい三・二九抗議集会」が新宿駅東南口で開かれた。ここでマイクを握った関口都議は、こんな補足説明をしてくれた。「いわゆる知事が答弁拒否をした議員が今回の第一回定例（都議会）で二八名、質問をしたが、そのうち七名に答弁拒否をしている。その七人の質問をした数と小池知事が答弁拒否をした数を割っていくと、答弁拒否率が七六％になりました。まさに耳障りな議員への排除と思っています」。

ちなみに抗議集会の呼び掛けは「またもや『排除します』⁉　小池都知事の嫌がる質問をすると除斥される」と銘打っていたが、関口都議は「小池知事は議員も記者も排除する」とも指摘。同じ立民の五十嵐えり都議もこう話す。

「議会での答弁拒否もそうなのですが、小池知事は記者会見で自分の都合の悪い記者は（会見場に）参加させないようにして排除している。都民の知る権利を侵害していることにもなり、絶対に変えたいと思っています」

結局、小島氏の爆弾告発で小池知事の化けの皮が剥がれていったのは間違いない。東京十五区補選は小池知事の評価が大きく落ちたことを物語る〝審判選挙〟となっていたのだ。

おわりに

本書は、クラウドファンディング型ネット番組「横田一の現場直撃」のシリーズ本第四作だ。第一作「安倍・小池政治の虚飾――コロナ・カジノ・災害対応」は二〇二〇年六月に出版、その二年後の二〇二二年七月に第二作「岸田政権の正体――米国と富裕層の〝犬〟」、そして銃撃事件を受けて四カ月後に第三作「亡国の〝国賊〟安倍元首相」を緊急出版したが、その一年半後に第四作「自公政権打倒は可能だ――前明石市長・泉房穂総理待望論」を出すことになった。メインテーマは〝裏金自民〟を下野させる政権交代で、その牽引車役として登場するのが、総理大臣待望論が高まる泉房穂・前明石市長だ。

市長退任後、子供関連予算を二倍以上にして一〇年連続の人口増を実現した明石市政を、他の自治体や国政に反映させる「横展開と縦展開」のために奔走し始めた泉前市長は、次期総選挙での政権交代を実現するシナリオ「救民内閣構想」も発表。全国各地での講演や街頭での応援演説などで「政治は変えられる」と熱い思いを語っていた。そんな泉前市長の追っかけ取材を中心にまとめたのが本書である。参院徳島高知選挙区や岩手県知事選や埼玉県所沢市長選で応援した候補が連戦連勝、選挙ルポにもなっているのはこのためだ。

二〇二二年一一月に第三作を出した後も「まずは現場に駆け付けて、週一回のネット番組（月曜二〇時から生配信）で紹介する一方、月刊誌『紙の爆弾』などで記事も書いていく」という〝先行投資型の取材スタイル〟を続けた。配信回数は一九一回（二〇二二年一一月二八日）から二六九回（二〇二四年五月二七日）となり、開始当初は四千程度だった視聴数も四万から六万（過去最高は八万七千）、カンパ額も月一〇万円から三〇万円で推移するようになった（過去最高は五〇万円）。

動画配信チャネル「デモクラシータイムス」の番組群（YouTubeで無料公開）の一つとして、「横田一の現場直撃」が産声を上げたのは、二〇一八年七月二五日。同チャネルの看板番組「ウィークエンドニュース」の収録後に司会の高瀬毅氏（ジャーナリスト）と懇談している時に「地方（現場）取材のニュース番組も作ろう」と意気投合、すぐに賛同していただいた升味佐江子弁護士が司会の新番組が翌週からスタートしたのだ。ただし政治家ら有名人を待ち構えて声かけ質問、その様子を冒頭動画で紹介していく直撃方式は当初から同じ。カンパを交通費に回して、泉前市長の〝全国講演行脚〟（岡山など）や参院徳島高知選挙区や岩手県知事選などの応援演説を取材する一方、岸田首相ら大物政治家に大声で質問する直撃取材を繰り返していったのだ。

目標とするは、韓国ドキュメンタリー映画『共犯者たち』に登場する韓国の代替メディア「ニュース打破」（第一作と第二作と第三作のあとがきでも紹介）。保守政権時代に退職に追い込まれたテレビ局のジャーナリストらが立ち上げ、政権に忖度しない番組をネット配信。今では、四万人市民から集めた年間五億円を元に調査報道番組を発信し続けているのだ。しかも、その取材手法はアポなし直撃取材。テレビ局の現場から外されたチェ・スンホ監督自身（後にＭＢＳ社長に復帰）が「ニュース打破」

の記者として、メディア介入を始めた保守政権に協力したテレビ局関係者（共犯者たち）に声をかける場面が何度も映画に出てくるが、この手法を私も六年近くにわたって真似し続けていたのだ。

裏金にまみれた自民党と公明党の連立政権のままでは、国民負担（税金と保険料）が増すばかりで国民生活が良くならないのは明らかだ。だからこそ泉前市長は「救民内閣構想」を発表、政権交代を実現して政治に変える必要があると熱っぽく訴え続けている。「自公政権打倒は可能」「政治は変えられる」というのが、泉前市長への追っかけ取材を中心にまとめた本書の結論なのだ。

[著者略歴]

横田　一（よこた　はじめ）

1957年山口県生まれ。東京工業大学卒。奄美大島宇検村入植グループを右翼が襲撃した事件を描いた「漂流者達の楽園」で、1990年ノンフィクション朝日ジャーナル大賞受賞。その後、政官業の癒着、公共事業見直し、国会議員（特に族議員）ウォッチングを続ける。2018年に動画配信の「デモクラシータイムズ」で「横田一の現場直撃」を開始。週1回の配信をしている。

記事の掲載媒体は、「日刊ゲンダイ」「データマックス」「政経東北」など。

著書『亡国の国賊・安倍晋三』『岸田政権の正体』『安倍・小池政治の虚飾』『検証・小池都政』『シールズ選挙〈野党は共闘！〉』『政治が歪める公共事業』『所沢ダイオキシン報道』（共著）、『イージス・アショアの争点』『どうする旧国鉄債務』、（いずれも緑風出版）、『テレビと政治』（すずさわ書店）『トヨタの正体』（共著）、『亡国の首相安倍晋三』（七つ森書館）などがある。

横田一の現場直撃Ⅳ

自公政権打倒《じこうせいけんだとう》は可能《かのう》だ

――前明石市長・泉房穂総理待望論

2024年7月10日　初版第1刷発行　　定価1,800円＋税

著　者　横田　一©
発行者　高須次郎
発行所　緑風出版
〒113-0033　東京都文京区本郷2-17-5　ツイン壱岐坂
［電話］03-3812-9420　［FAX］03-3812-7262［郵便振替］00100-9-30776
［E-mail］info@ryokufu.com［URL］http://www.ryokufu.com/

装　幀　斎藤あかね
制　作　アイメディア　　印　刷　中央精版印刷
製　本　中央精版印刷　　用　紙　中央精版印刷

ISBN978-4-8461-2408-3　C0031

検証・統一教会＝家庭連合
霊感商法・世界平和統一家庭連合の実態

山口広著

四六判並製
三九二頁
2500円

統一教会の被害にあった人、また加害者であり続ける信者たちも、かつてはまじめで嘘をつけない人だった。統一教会は彼らを資金集めの手段として利用している。違法行為を正しいこととして思い込めせ、悪用している。

青春を奪った統一教会
青春を返せ裁判（東京）の記録

青春を返せ裁判（東京）原告団・弁護団 編著

A5判上製
五四八頁
5800円

統一教会の「神」にお金を捧げることで人は救われると信じ、何万円もの人参・濃縮液を売ったりして、青春の全てを捧げて活動し、裏切られ、疑問を持ち、脱会した元信者たちが統一教会を告発。青春を返せと訴えた訴訟の全記録。

統一教会信者を救え
杉本牧師の証言

杉本誠・名古屋「青春を返せ裁判」弁護団 編著

四六判並製
二五九頁
1900円

杉本牧師は、マインドコントロールされ、心も体もボロボロにされた信者の説得・救出活動を永年、展開してきた。本書は、霊感商法に利用され、青春を奪われた元信者らがおこした「青春を返せ訴訟」で、同氏が語った救出証言。

宗教名目による悪徳商法
日弁連報告書に見るその実態と対策

宗教と消費者弁護団ネットワーク編著

A5判並製
二五六頁
2500円

宗教を装い、しのびよる悪徳商法その他による被害はあとを絶たない。本書は長年被害者救済に携わってきた弁護士グループが、その実例と問題点、対応策を提示。日弁連の三報告書とあわせて、被害の根絶を世に訴える。

統一教会合同結婚式の手口と実態

全国霊感商法対策弁護士連絡会他著

A5判並製
二七二頁
2500円

タレント信者の参加と脱会で注目を集めた統一教会合同結婚式が、九七年、更に大規模に行われた。本書は、統一教会の被害者救済にあたる三つの団体が、資料と証言をもとに「式典」の実態を明らかにし、その危険性を強く訴える。